AF287614

Jochen Abel

Ein produktorientiertes Verrechnungssystem für Leistungen des Facility Management im Krankenhaus

Karlsruher Reihe
Bauwirtschaft, Immobilien und Facility Management
Band 1

Universität Karlsruhe (TH), Institut für Technologie und
Management im Baubetrieb

Hrsg. Prof. Dr.-Ing. Dipl.-Wi.-Ing. Kunibert Lennerts

Eine Übersicht über alle bisher in dieser Schriftenreihe erschienenen Bände
finden Sie am Ende des Buchs.

Ein produktorientiertes Verrechnungssystem für Leistungen des Facility Management im Krankenhaus

von
Jochen Abel

universitätsverlag karlsruhe

Dissertation, genehmigt von der Fakultät für
Bauingenieur-, Geo- und Umweltwissenschaften
der Universität Fridericiana zu Karlsruhe (TH)
Tag der mündlichen Prüfung: 13.12.2007
Referenten: Prof. Dr.-Ing. Dipl.-Wi.-Ing. Kunibert Lennerts,
Prof. Dr.-Ing. Christoph Hartung

Impressum

Universitätsverlag Karlsruhe
c/o Universitätsbibliothek
Straße am Forum 2
D-76131 Karlsruhe
www.uvka.de

Universitätsverlag Karlsruhe 2009
Print on Demand

ISSN: 1867-5867
ISBN: 978-3-86644-324-2

Vorwort des Herausgebers

Die vorliegende Arbeit von Dipl.-Ing. Jochen Abel ist meine erste Dissertation, die ich in meiner Funktion als Professor für Facility Management der Universität Karlsruhe (TH) betreuen durfte. Sie ist auch die erste Dissertation, die im Rahmen des seit sechs Jahren laufenden Forschungsprojekt OPIK (Optimierung und Analyse von Prozessen in Krankenhäusern) erstellt wurde. Es ist somit verständlich, dass diese Arbeit für mich einen besonderen Stellenwert hat.

Was macht diese Arbeit jedoch für Sie, den Leser, besonders?

Der Hintergrund des Forschungsprojekts OPIK und somit auch dieser Arbeit ist der wachsende Kostendruck in den Krankenhäusern. Das Facility Management mit seiner effizienten Bereitstellung der sekundären Leistungen ohne qualitative Beeinträchtigung der primären (medizinischen) Leistungen, kann hier einen wesentlichen Beitrag zur Kostenreduzierung leisten, da ca. 25% der Kosten eines Krankenhauses facilitär sind.

Herrn Abel ist es gelungen ein innovatives Verrechnungsverfahren facilitärer Leistungen im Krankenhaus zu entwickeln und damit das äußerst komplexe Gebilde Krankenhaus mit seinen unterschiedlichen Ausprägungen wesentlich zu vereinfachen. Neben der erstmaligen Definition von 29 Facility Management-Produkten, der Kopplung dieser mit der gesetzlich vorgeschriebenen Krankenhausbuchführungsverordnung und der genauen Abgrenzung zwischen primärem (medizinischem) und sekundärem Bereich im Krankenhaus, hat Herr Abel durch die Aufbereitung von Realdaten ein Benchmarkingmodell kreiert, das eine innovative Methode für das Erkennen von zu realisierenden Einsparmöglichkeiten bietet und auch die Grundlage für eine Outsourcingentscheidung bildet.

Die umfangreichen nationalen wie internationalen Veröffentlichungen seiner Ergebnisse zeigen das hohe wissenschaftliche als auch praxisrelevante Interesse an seiner Arbeit auf, dem ich mich hier nur anschließen kann.

Ich danke Herrn Abel für seine Arbeit und den Meilenstein, den er damit gesetzt hat und wünsche ihm viel Erfolg auf seinem weiteren beruflichen Weg.

Karlsruhe, *Prof. Dr. Kunibert Lennerts*
im Dezember 2007 *Universität Karlsruhe (TH)*

Vorwort des Verfassers

Die vorliegende Arbeit ist während meiner Zeit an der Universität Karlsruhe (TH) entstanden. In dieser Zeit war ich am Institut für Technologie und Management (TMB) bei Herrn Professor Dr.-Ing. Kunibert Lennerts für das Forschungsprojekt OPIK (Optimierung und Analyse von Prozessen in Krankenhäusern) tätig. Die Arbeit für das Projekt war Inspiration und Grundlage für die vorliegende Dissertation. Aber auch meine vorhergegangene Tätigkeit am Klinikum der Johann Wolfgang Goethe-Universität in Frankfurt am Main hat diese Arbeit deutlich geprägt.

Das Forschungsprojekt OPIK wird inhaltlich und finanziell durch ein Konsortium von Krankenhäusern, Facility Management Dienstleistern, und Verbänden unterstützt. Mein Dank gilt daher allen beteiligten Partnern, die diese Arbeit möglich gemacht haben. Besonders die Wissenschaftliche Gesellschaft für Krankenhaustechnik (WGKT) in Person Herr Professor Dr.-Ing. Christoph Hartung und Herr Dr. Thorsten Förstemann haben diese Arbeit stark unterstützt und wesentliche Impulse vor allem zu statistischen Verfahren geliefert. Dafür mein herzlicher Dank. Dankbar bin ich Herrn Professor Dr.-Ing. Christoph Hartung auch für die Übernahme des Korreferates.

Besonderer Dank gilt meinem Hauptreferenten Herrn Professor Dr.-Ing. Kunibert Lennerts, der mich über die gesamte Zeit gefordert und gefördert hat und diese Arbeit durch viele Anregungen und konstruktive Kritik fachlich unterstützt hat. Ohne seien unermüdlichen Einsatz, der weit über die fachliche Betreuung der Arbeit hinaus ging, wäre aus dieser Arbeit keine Dissertation geworden.

Bedanken möchte ich mich bei allen Mitarbeitern des Instituts für Technologie und Management (TMB) und seinem Leiter Herrn Professor Dr.-Ing. Fritz Gehbauer für den regen fachlichen Austausch und die freundliche Unterstützung. Den Mitarbeitern der Abteilung Facility Management am TMB Herrn Dr.-Ing Christian Meysenburg, Frau Karin Diez, Herrn Uwe Pfründer, Frau Carolin Bahr und Frau Tanja Sacher gilt mein Dank für die gute fachliche Zusammenarbeit und ein hervorragendes Arbeitsklima.

Für die Unterstützung in allen Lebenslagen und auch das sorgfältige Durchsehen des Manuskriptes möchte ich mich bei meinen Eltern bedanken.

Karlsruhe,   *Jochen Abel*
im Dezember 2007

Kurzfassung

Die vorliegende Arbeit beschäftigt sich mit Facility Management in der Institution KRANKENHAUS. Im Wort KRANKENHAUS wird bereits deutlich, dass es um ein HAUS geht, in dem kranke Menschen geheilt und gepflegt werden können. Im englischen Sprachraum wird von „built environment" gesprochen. Gemeint ist damit die von Menschen erstellte Umgebung. Diese von Menschen hergestellte Umgebung KRANKENHAUS umgibt Patienten, Besucher und Mitarbeiter. Für die Patienten ist das Krankenhaus während der Zeit ihres Aufenthalts die Lebensumgebung, die positiven und negativen Einfluss auf die Genesung haben kann. Für die Mitarbeiter ist das Krankenhaus vor allem eins – ihre tägliche Arbeitsumgebung. Je besser und angenehmer diese Arbeitsumgebung gestaltet ist, desto besser kann der Dienst am Menschen – das Heilen und Pflegen – erbracht werden. In diese Kette passt wunderbar der Begriff Facility oder Facilities. Facility lässt sich herleiten vom englischen Verb „to facilitate". Für die Übersetzung ins Deutsche stehen gleich mehrere Möglichkeiten zur Auswahl. „To facilitate" kann übersetzt werden mit „erleichtern", „ermöglichen", „fördern" oder „unterstützen". Facilities sind also Dinge, die etwas erleichtern, ermöglichen, fördern oder unterstützen. Beim Gebäude „Krankenhaus" handelt es sich also um eine künstliche Umgebung, die den Genesungsprozess des Patienten aktiv fördern und unterstützen und die Arbeitsprozesse der Mitarbeiter ermöglichen, erleichtern und unterstützen soll. Wirtschaftliche Zwänge führen dazu, dass im Krankenhaus zunehmend die Effizienz, mit der der Dienst am Patienten erbracht wird, an Bedeutung gewinnt. Für das Facility Management bedeutet dies, dass das Ziel der Bereitstellung einer qualitativ hochwertigen Umgebung mit möglichst geringem Aufwand erreicht werden muss.

Diese Arbeit liefert mit der Produktorientierung eine einfache Möglichkeit, die Bedürfnisse der Mitarbeiter im Krankenhaus an ihre Arbeitsumgebung in messbaren Liefereinheiten zu beschreiben. Hierzu werden in Kapitel 1 die Produkte des Facility Management im Krankenhaus aus der Sicht der medizinischen Prozesse, die es zu unterstützen gilt, definiert. Über ein Verrechnungssystem, das auf der Produktorientierung aufbaut, wird die Möglichkeit gegeben, die Steigerung der Effizienz in selbstregulierende geschlossene Regelkreise zu überführen. Dies wird in Kapitel 1 beschrieben. In Kapitel 1 werden weitere Anwendungsmöglichkeiten des Systems dargestellt. So ist es möglich, auf Basis des Modells Leistungen und Kosten des Facility Management im Krankenhaus zu prognostizieren und zu vergleichen. Im letzten Kapitel wird untersucht, ob Krankenhäuser über einen einzigen Kennwert vergleichbar gemacht werden können.

Abstract

The present paper deals with Facilty Management related to the institution HOSPITAL. The German word KRANKENHAUS contains the word HAUS, which means building and implies that the KRANKENHAUS is a built environment in which sick persons are being treated. This man made environment HOSPITAL surrounds patients, visitors and employees. The hospital building is living space to the patient and may positively and negatively affect his convalescence. For people who treat patients in a hospital the building first of all is their daily working environment. The better and more comfortably this working environment is designed and operated – the better a humane service – delivery and care -can be performed. The term Facility or Facilities appropriately describes this environment. In this context the Facility HOSPITAL represents a built environment that is supposed to support the process of convalescence actively and at the same time enable, disburden and support the medical processes. .Due to economic interests the efficiency in performing this service to the patient is getting more important. For the Facility Management this means that the goal of providing a high quality environment has to be achieved with as little effort as possible.

This paper provides a simple opportunity to describe the needs of employees in a hospital regarding their working environment in measurable delivery units via product orientation. Reflecting this, a product model of Facility Management services in hospitals is defined in chapter 5 using the perspective of the medical processes that need to be supported.

Via an allocation system which is based on product orientation, the possibility is given to transfer the enhancement of efficiency into self regulating closed control circuits. This is being explained in chapter 6. In chapter 7 further fields of application are described. Thus, product quantities and costs of the Facility Management in hospitals can be forcasted and compared by this model. The last chapter deals with the question, whether hospitals can be compared by a single characteristic magnitude.

Inhaltsverzeichnis

iv

v

Abbildungsverzeichnis

Tabellenverzeichnis

vii

Abkürzungsverzeichnis

AAB	Anzahl aufbereitete Betten
AB	Anzahl Planbetten
AE	Anzahl Essen
AF	Anzahl Fahrzeuge
AFA	Anzahl Fachabteilungen
AHY	Anzahl Hygieneuntersuchungen
AM	Abfallmenge
AOP	Anzahl Operationsräume
APC	Anzahl Computer (PCs)
AT	Anzahl Telefone
ATR	Anzahl Patiententransporte
ATV	Anzahl Fernsehgeräte (TVs)
BEL	Anzahl Belegtage
BGF	Brutto-Grundfläche
BGV	Berufsgenossenschaftliche Vorschrift
BMG	Bundesministerium für Gesundheit
BV	Berechnungsverordnung
bzgl.	Bezüglich
bzw.	Beziehungsweise
DIN	Deutsches Institut für Normung
DRG	Diagnosis Related Groups
DV	Datenverarbeitung
EN	Europäische Norm
ET	Etat
EuroFM	European Facility Management Network
EVU	Energieversorgungsunternehmen
F&W	Führen und Wirtschaften
FIR	Forschungsinstitut für Rationalisierung
FKT	Fachvereinigung Krankenhaustechnik
FL	Fläche (NF 1 – NF 6)
FM	Facility Management
FPG	Fallpauschalengesetz
FT	Flächenanteil
G-DRG	German Diagnosis Related Groups
GEFMA	Deutscher Verband für Facility Management e.V.
GWG	Geringwertige Güter
i. d. R.	In der Regel
i.w.	Im weiteren
IBL	Innerbetriebliche Leistungsverrechnung
ICD	International Classification of Diseases
IFH	Institut für Funktionsanalyse im Hospitalwesen
IFHE	International Federation of Hospital Engineering
IH	Instandhaltung

InEK	Institut für das Entgeltsystem im Krankenhaus
IT	Informationstechnologie
KFA	Kostenflächenarten
KFPV	Krankenhaus Fallpauschalen Verordnung
KHBV	Krankenhausbuchführungsverordnung
KHG	Krankenhausfinanzierungsgesetz
KMA	Klinik Management Aktuell
KPI	Key Performance Indicator
KT	Kostenanteil
KTM	Krankenhaus Technik Management
kWh	Kilowattstunde
MA_K	Mitarbeiter (Köpfe)
MA_V	Mitarbeiter (Vollzeit)
NF	Nutzfläche
NGF	Netto-Grundfläche
OPIK	Optimierung und Analyse von Prozessen in Krankenhäusern
PC	Personalcomputer
PPP	Public Private Partnership
RKI	Robert Koch Institut
RWTH	Rheinisch-Westfälische Technische Hochschule
SLA	Service Level Agreement
SSE	Sum of Squares Error
SSR	Sum of Squares Regression
SST	Sum of Squares Total
STE	Sterilguteinheit
STE	Anzahl Sterilguteinheiten
STR	Strommenge
TF	Technische Funktionsfläche
VF	Verkehrsfläche
W	Wärmemenge
WAM	Wassermenge
WB	Wiederbeschaffungswert
WBM	Wiederbeschaffungswert Medizintechnik
WF	Wohnfläche
WGKT	Wissenschaftliche Gesellschaft für Krankenhaustechnik
WM	Wäschemenge

Glossar

ABC Analyse

„Verfahren zur Schwerpunktbildung durch Dreiteilung: A: wichtig, dringend; B: weniger wichtig; C: unwichtig, nebensächlich." (Gabler 2000) S. 3

Aufwand

„Ausgaben einer Unternehmung für die während einer Abrechnungsperiode verbrauchten Güter, Dienstleistungen und öffentlichen Abgaben, die in der Erfolgsrechnung den Erträgen gegenüber gestellt werden." (Gabler 2000) S. 235

Belegtage

„Belegtage sind der Aufnahmetag sowie jeder weitere Tag des Krankenhausaufenthalts ohne den Verlegungs- oder Entlassungstag aus dem Krankenhaus." (KPFV 2002)

Benchmarking

„Benchmarking ist ein Instrument der Wettbewerbsanalyse. Es ist der kontinuierliche Vergleich von Produkten, Dienstleistungen sowie Prozessen und Methoden mit (mehreren) Unternehmen, um die Leistungslücke zum sogenannten Klassenbesten systematisch zu schließen." (Gabler 2000) S. 374

Bestimmtheitsmaß

„in der Regressionsanalyse ein Koeffizient zur Kennzeichnung des Ausmaßes, mit welchem die Streuung der endogenen Variablen durch die exogenen Variablen erklärt wird." (Gabler 2000) S. 424

Cluster

„Homogene Gruppe von gleichartigen Elementen." (Gabler 2000) S. 631

Diagnosis Related Groups

„Abk. DRG; diagnoseorientierte Fallpauschalen zur Leistungsberechnung (u.a. für Behandlung, Pflege, Verwaltung) i.R. der stationären Krankenhausversorgung auf Basis eines internationalen Klassifikationssysstems." (Pschyrembel 2004) S. 394

Herstellkosten

„Begriff der Kostenrechnung für die durch die Herstellung eines Gutes entstandenen Kosten. Herstellkosten können der internen Bewertung von selbsterstellten Vermögensgegenständen dienen und umfassen i. d. R. die Summe aus Fertigungseinzel- und Fertigungsgemeinkosten sowie Materialeinzel- und Materialgemeinkosten." (Gabler 2000) S. 1438

Kaltmiete

Die Kaltmiete ergibt sich aus den Kosten, die für die Bereitstellung von Flächen entstehen und nicht durch den Kunden beeinflusst werden können bzw. keine Bedeutung in Bezug auf Transparenz für den Kunden haben. (siehe Definition: Kaltmiete auf Seite 48)

Komorbiditäten „Vorkommen von zwei oder mehr diagnostisch unterscheidbaren Krankheiten nebeneinander bei einem Patienten ohne dass einen ursächliche Beziehung zwischen diesen bestehen muss." (Pschyrembel 2004) S. 962

Korrelationskoeffizient „Korrelationsmaß; Maß, mit dem in der Korrelationsanalyse die „Stärke" eines positiven oder negativen Zusammenhangs zwischen zwei quantitativen Merkmalen." (Gabler 2000) S. 1830

Kostenstellengruppen Das Institut für das Entgeltsystem im Krankenhaus (InEK) schreibt: „Um eine Vergleichbarkeit der Datensätze unterschiedlicher Krankenhäuser zu gewährleisten, müssen die Fallkosten in den Datensätzen vor der Übermittlung an das DRG-Institut einheitlich gegliedert werden. Hierzu werden in dem fallbezogenen Datensatz die Kostenstellen zu Kostenstellengruppen ... zusammengefasst" (InEK 2002)

Kostenflächenarten (KFA) sind Raumnutzungsarten mit gleicher „Kostenintensität".

Median „Der Median oder Zentralwert ist dadurch charakterisiert, dass jeweils mindestens 50% der Beobachtungen $x_1, \ldots x_n$ einen Wert größer oder gleich bzw. kleiner oder gleich dem Median annehmen." (Hartung 2005) S. 32

Planbetten Anzahl der Betten, mit der eine stationäre Gesundheitseinrichtung in den Krankenhausplan des jeweiligen Bundeslandes aufgenommen wurde.

Primärprozess Alle Aktivitäten im Krankenhaus, die durch einen Arzt verschrieben werden bzw. aufgrund medizinischer Indikation angeordnet werden, gehören zum Kerngeschäft des Krankenhauses. Diese Aktivitäten werden auch unter den Begriffen Primärleistungen, Primärprozesse oder Primärgeschäft zusammengefasst. (siehe Definition: Primärprozess auf Seite 12)

Produkt „Ergebnis der Produktion und Sachziel einer Unternehmung oder auch Mittel der Bedürfnisbefriedigung. Einteilung in Sachgüter, Dienstleistungen und Energieleistungen. Charakterisierung durch die Art der Kombination materieller und immaterieller Produktanteile und die realisierten Produktfunktionen. (Gabler 2000) S. 2489

Quantil „Quantil der Ordnung p oder p-Quantil; bei einer empirischen Verteilung der Merkmalswert, der die $100 \cdot p\%$ kleineren von den $100 \cdot (1-p)\%$ größeren Ausprägungen trennt ($0 < p < 1$). Quantile sind oft nur näherungsweise bestimmbar. Bei einer stetigen Zufallsvariablen ist das p-Quantil die Ausprägung, für die p der Wert der Verteilungsfunktion ist. – Spezielle Quantile sind der Median (0,50-Quantil), die Quantile (0,25-, 0,50- und 0,75-Quantil) sowie die Dezile (0,10-, 0,20-, ... Quantil)." (Gabler 2000) S. 2563

Sekundärprozess Alle Aktivitäten im Krankenhaus, die nicht durch einen Arzt verschrieben werden bzw. aufgrund medizinischer Indikation angeordnet werden, gehören nicht zum Kerngeschäft des Krankenhauses. Diese Aktivitäten werden auch unter den Begriffen Sekundärleistungen, Sekundärprozesse, Sekundärgeschäft bzw. FM-Prozesse oder FM-Leistungen zusammengefasst. (siehe Definition: Sekundärprozess auf Seite 13)

Selbstkosten „Summe aller durch den betrieblichen Leistungsprozess entstandenen Kosten." (Gabler 2000) S. 2753

System „Menge von geordneten Elementen mit Eigenschaften, die durch Relationen verknüpft sind" (Gabler 2000) S. 2995

Wiederbeschaffungswert Der Wiederbeschaffungswert bzw. die Wiederbeschaffungskosten entsprechen den dem „Anschaffungswert eines im Unternehmen vorhandenen Vermögensgegenstandes zum Zeitpunkt seiner Wiederbeschaffung." (Gabler 2000) S. 3497

1 Grundlagen

Zum Thema „Wandel von Struktur und Organisation der der Krankenhausleitung" schreibt Eichhorn (Eichhorn und Schmidt-Rettig 2001) S, 7: „In der Gesundheitswirtschaft steht die Gesellschaft vor der Frage, welche Medizin sie zu welchen Kosten vorhalten kann und wie der Beitrag der Versicherten zur Erhaltung ihrer eigenen Gesundheit aussehen muss." Warum aber stehen Gesellschaft und Gesundheitswirtschaft vor dieser Frage?

Die WHO schrieb bereits in 1946: „Gesundheit ist mehr als die Abwesenheit von Krankheit im Sinne körperlicher Gebrechen" (WHO 1946). Zu dem Wandel des Gesundheitsbegriffs und dem damit verbundenen Erwartungen der Bevölkerung an die medizinische Versorgung, nimmt die Zahl der gut informierten und mündigen Patienten deutlich zu. Der Anspruch des Patienten auf die für ihn beste Behandlungsmethode wächst stetig. Durch die demographische Entwicklung steigt zusätzlich die Anzahl der Menschen, die das Gesundheitssystem intensiv benötigen. Insgesamt steigen somit die Anforderungen an Qualität, Intensität und Umfang von medizinischen Leistungen in der Bevölkerung. Der Gesundheitsmarkt muss diesem Umstand Rechnung tragen. In Bezug auf die Versorgungsdichte und die Versorgungsqualität hat Deutschland einen international sehr hohen Standard erreicht. Die Gesellschaft möchte diesen Standard beibehalten. Die Finanzierung fällt jedoch immer schwerer (vgl. (Andersen 1999)).

Aus dem World health report 2000 der WHO (WHO 2000) S. 200 geht hervor, dass bei der Betrachtung des Preis-Leistungsverhältnisses der Gesundheitsleistungen im Krankenhaus Deutschland im internationalen Vergleich nur mittelmäßig abschneidet. Es liegt also nahe, die Lösung des Problems in der Reduzierung der Kosten bei gleichbleibender Qualität zu suchen.

Die vielfältigen Einflüsse, denen das Krankenhaus ausgesetzt ist, machen die einfach formulierte Lösung in der Realität nahezu unmöglich. In Abbildung 1 sind die Einflussfaktoren für die Entwicklung des Krankenhausmarktes zusammengefasst dargestellt. Sie deuten die Situation deutscher Krankenhäuser an.

1

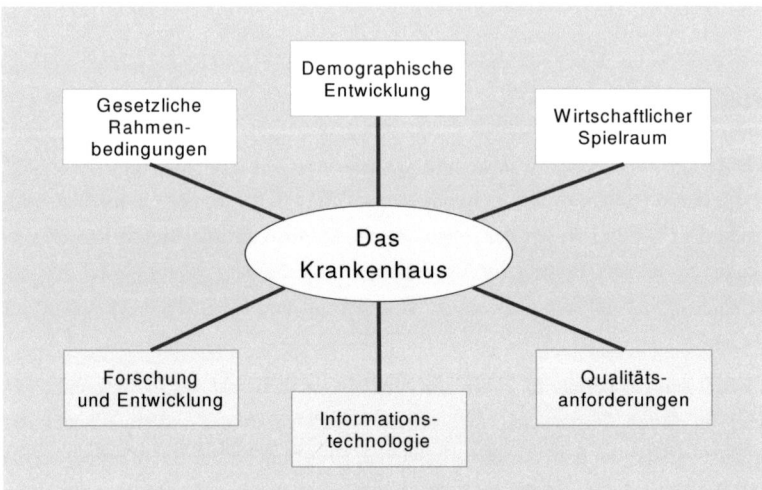

Abbildung 1:　　Einflussfaktoren des Krankenhausmarktes (Mues und Krämer 2001)

Die Krankenhäuser müssen sich immer mehr im Spannungsfeld zwischen demographischer Entwicklung, enger werdendem wirtschaftlichen Spielraum, der fortschreitenden technischen Entwicklung und den sich ändernden gesetzlichen Rahmenbedingungen (siehe Fallpauschalengesetz (FPG 2002)) behaupten.

Eichhorn (Eichhorn 2001) S,50 nennt vier Gründe, „dass sich die Anforderungen an das Krankenhausmanagement ... grundlegend geändert haben:"

- „Der medizinwissenschaftliche und medizintechnische Fortschritt hat bewirkt, dass die Nachfrage nach Krankenhausleistungen auf ein immer größeres, stärker differenziertes und qualitativ besseres Leistungsangebot stößt."
- „Aufgaben und Struktur des heutigen Krankenhauses werden von der Hochleistungsmedizin bestimmt, die zwar nicht immer heilen, aber bei einer bestimmten Zahl von Menschen mit Behinderung und chronischen Erkrankungen deren Lebenszeit verlängern kann."
- „Mit Stärkung der marktwirtschaftlichen Elemente der Krankenhauspolitik kristallisiert sich Qualität immer deutlicher als entscheidender Wettbewerbsfaktor heraus."
- „Der in der Vergangenheit vollzogenen gesellschaftliche Wertewandel ist bestimmend dafür, dass die Arbeitssituation im Krankenhaus heute nicht mehr so sehr vom Leitbild der Dienstgemeinschaft geprägt ist, sonder viel-

mehr von … eigennützigen Trägerzielen, die nicht immer mit der ursprünglichen Sinngebung des Krankenhauses … korrespondieren." Eichhorn leitet aus diesen Gründen einen „kontinuierlichen Anstieg der Kosten der gesundheitlichen Versorgung" ab. Als Gründe für die Finanzkrise nennt er unter anderem die „negative Entwicklung der Gesamteinnahmen der GKV[1] (ansteigende Beitragssätze) als Folge der negativen gesamtwirtschaftlichen Daten".

Die Gesetzgebung versucht durch neue Rahmenbedingungen die Berücksichtigung der Kosten bei der Leistungserbringung mehr in den Vordergrund zu stellen. Das Fallpauschalengesetz sieht eine Pauschalierung der Vergütung auf Basis der Diagnose vor. Es soll somit der Anreiz für das Krankenhaus gegeben werden, die **Effizienz der Leistungserbringung** zu steigern.

In der ursprünglichen Reformfassung des oben genannten Fallpauschalengesetzes sollte die im Krankenhausfinanzierungsgesetz (KHG) (KHG 2003) von 1972 festgelegte "Duale Finanzierung" (siehe auch Abbildung 2) zu einem monistischen[2] Finanzierungssystem umgewandelt werden. Diese Umwandlung wurde aber aus politischen Gründen auf unbestimmte Zeit verschoben.

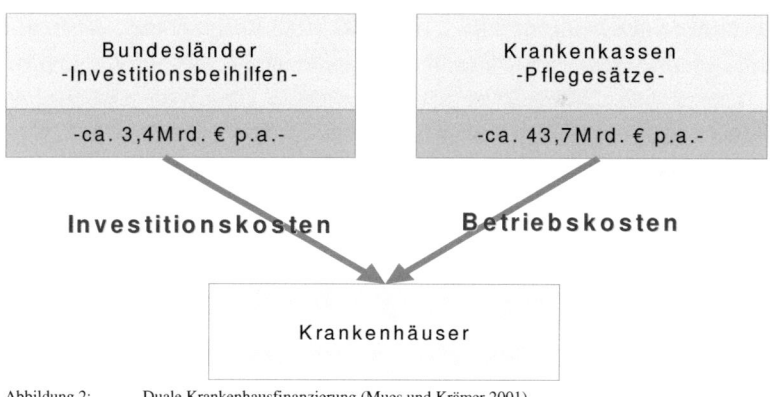

Abbildung 2:   Duale Krankenhausfinanzierung (Mues und Krämer 2001)

---

[1] Gesetzliche Krankenversicherung

[2] Durch eine monistische Finanzierung werden Krankenhäuser lediglich aus einer Hand, nämlich von den Krankenkassen, finanziert. Dies steht im Gegensatz zum bisherigen dualen Finanzierungssystem, bei dem die Investitionskosten durch den Träger aus Investitionsbeihilfen übernommen werden.

3

Es ist jedoch davon auszugehen, dass langfristig eine ausschließlich monistische Finanzierung kommen wird.[3] [4] Diese Art der Finanzierung von Krankenhäusern wiederum dürfte bestehende Konzentrationstendenzen auf dem Krankenhausmarkt verstärken. Um diesem Druck zu begegnen müssen sich Krankenhäuser zunehmend neben der Verbesserung der medizinischen Abläufe um die Optimierung der nicht medizinischen Prozesse bemühen.

Der stärkste Druck auf die Krankenhäuser geht nach Simon (Simon 1997) von der Einführung der DRGs (Diagnosis Related Groups) aus. In der Entwicklung wurden mit jeder Neuregelung der Krankenhausfinanzierung, deren Geltungsdauer ständig abnahm, die wirtschaftlichen Bedingungen für Krankenhäuser restriktiver und die Planungssicherheit für Krankenhausleistungen geringer.

Wandschneider et. al (Wandschneider; Rösener, und Schröder 2000) sehen in der Einführung der DRGs einen „Initialzünder zur Prozessorientierung" und gehen von einer notwendigen „Abkehr von der funktionalen und gleichzeitig einer Zuwendung zur objekt-, d.h. patienten- und prozessorientierten Betrachtungsweise der Leistungsprozesse" (Wandschneider; Rösener, und Schröder 2000), S20. Von dieser Entwicklung werden die nicht medizinischen Prozesse nicht unberührt bleiben.

In Deutschland gibt es im Jahr 2004 2.166 (DKG 2006) Krankenhäuser, welche den verschiedenen Trägerschaften wie öffentlich, frei gemeinnützig oder privat zugeordnet werden können. Seit 1991 befindet sich die stationäre Gesundheitsversorgung in Deutschland in einem radikalen Umbruch. In einer geringer werdenden Anzahl an Krankenhäusern werden bei sinkender Verweildauer eine steigende Anzahl an Patienten behandelt (siehe Abbildung 3). Zusätzlich ist in den letzten Jahren ein deutlicher Trend zu verzeichnen, dass die Anzahl an Krankenhäusern in privater Trägerschaft steigt, während der Anteil der Krankenhäuser in öffentlicher Trägerschaft entsprechend abnimmt. Es ist absehbar, dass dieser Prozess sich mit der Einführung der DRGs (Diagnosis Related Groups) als neues Entgeltsystem auf Basis von Fallpauschalen noch beschleunigen wird.

Mues und Krämer (Mues und Krämer 2001) schreiben in diesem Zusammenhang „Zudem wird der technische und medizinische Fortschritt zu einer weiteren Verteuerung

---

[3] Prof. Dr. Fokko ter Haseborg, 2. Vorsitzender der HKG (Hamburgische Krankenhausgesellschaft), Aussage auf Podiumsdiskussion 3. Hamburger Krankenhaustag 06/2002.

[4] Rede der Parlamentarischen Staatssekretärin Gudrun Schaich-Walch anlässlich des Bundeskongresses Deutscher Privatkrankenanstalten am 28.06.02 in Berlin

des deutschen Gesundheitssystems führen, da immer mehr Krankheiten diagnostiziert und therapiert werden können."

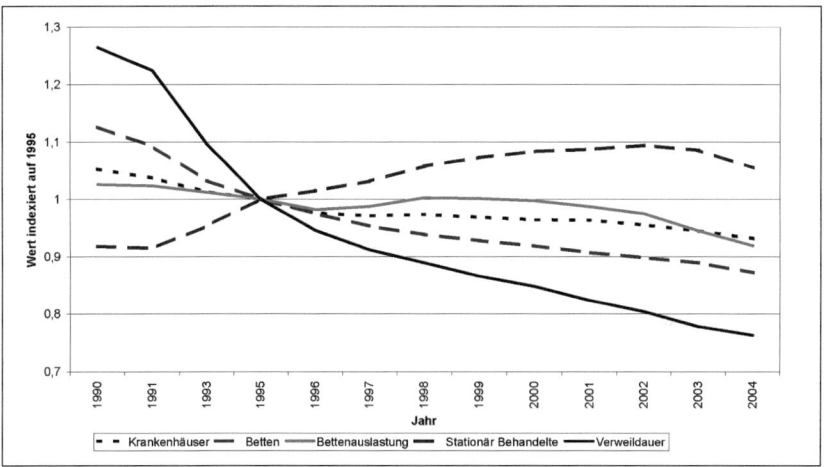

Abbildung 3: Entwicklung der Kennzahlen der stationären Gesundheitsversorgung[5]

Hartung (Hartung 2001), S.28 stellt fest, dass „Krankenhäuser aufgrund der Steigerung verfügbarer Behandlungsmethoden mehr Geld benötigen. Bis jetzt wurden Investitionen durch den Staat getragen, während die Betriebskosten durch die Krankenkassen bezahlt wurden. Rückerstattungen traten auf beiden Seiten auf. Es ist jedoch unwahrscheinlich, dass der Staat in der Lage sein wird, Investitionen zukünftig finanzieren zu können. Mit Inkrafttreten der Diagnosis Relatet Groups (DRGs) in 2004, wird ein fallbezogenes Vergütungssystem auf der Basis der International Classification of Diseases (ICD) eingeführt. Daher werden deutsche Krankenhäuser ihre Investitionen zunehmend über den Kapitalmarkt refinanzieren und ihre Finanzierung wird von dieser einen Quelle abstammen."[6]

De Looper und Bhatia (de Looper und Bhatia 2001) schreiben, dass "der Anteil der Ressourcen, die dem Gesundheitswesen zugeordnet sind, im Verhältnis zur produktiven Kapazität einer Wirtschaft, ein Indikator für die Erschwinglichkeit des Gesundheitssystems eines Landes ist. Der Index wird gebildet aus dem Verhältnis zwischen den Ge-

---

[5] Eigene Darstellung auf Basis der Daten des statistischen Bundesamtes (Statistisches Bundesamt 2005)

[6] Übersetzung aus dem Englischen durch den Autor

5

samtausgaben für das Gesundheitswesen und dem Bruttoinlandsprodukt (BIP), welches ein Maß für das Einkommen durch Produktion im Inland ist." Die Gesamtausgaben für das Gesundheitssystem im Verhältnis zum BIP reichen in Europa von 6,6 bis zu 11,1 Prozent (Stapf-Finé und Schölkopf 2003), wie in Abbildung 4 dargestellt. Deutschland hat eines der teuersten Gesundheitssysteme. Die Ausgaben von 3,4% des BIP für die stationäre Patientenversorgung entsprechen 31,2% der gesamten Kosten für das Gesundheitswesen. Auch wenn es sich um einen relativ kleinen Anteil der Gesamtausgaben handelt, ist Deutschland immer noch im oberen Bereich in Bezug auf den Anteil am BIP.

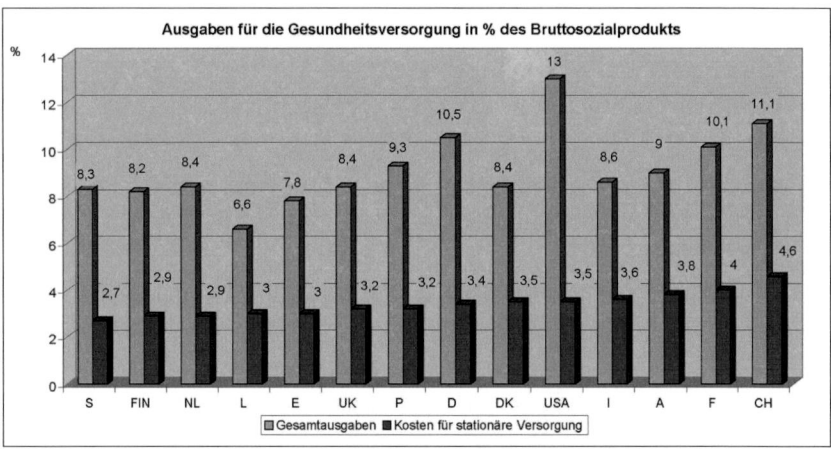

Abbildung 4:   Ausgaben für das Gesundheitswesen als Anteil am BIP (Stapf-Finé und Schölkopf 2003)

Ein wesentlicher Ansatz, die Kosten für das Gesundheitssystem zu reduzieren, ist die Verkürzung der Verweildauer im Krankenhaus. Die Verweildauern sinken in allen europäischen Ländern. Die kürzesten Verweildauern sind in den skandinavischen Ländern wie Schweden (5,8 Tage) oder Dänemark (6,7 Tage) zu verzeichnen. Wie die Abbildung 5 zeigt, liegen die Verweildauern in Deutschland im Vergleich zum Mittelwert in Europa sehr hoch.

Die geschilderte Situation zwingt daher Krankenhäuser zunehmend dazu, Ihre Prozesse, eingeschlossen die nicht medizinischen Prozesse, zu optimieren.

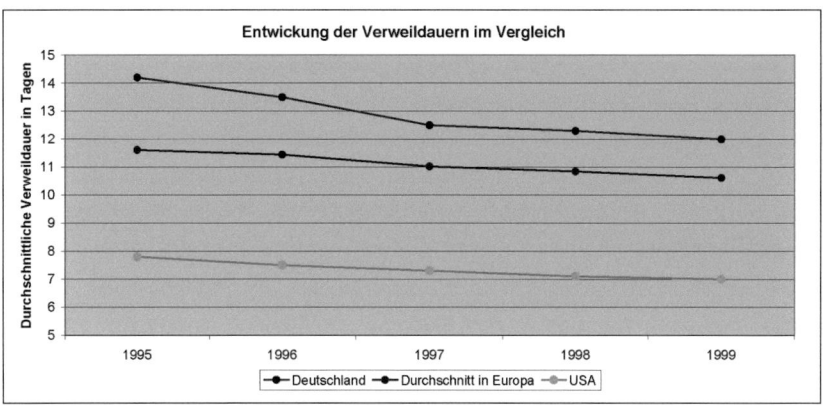

Abbildung 5:   Entwickung der Verweildauern (Stapf-Finé et al. 2003)

Zum Thema Facility Management (FM) im Krankenhaus gibt es eine Vielzahl von Arbeiten, die sich mit Teilbereichen beschäftigen – jedoch keine Arbeiten, die das Gebiet des Facility Management in umfassender Form betrachten. Auch die Schnittstellen zwischen den Primärprozessen ‚medizinische Leistungen' und den Sekundärprozessen sind nicht entsprechend analysiert. Einige Arbeiten betrachten Teilbereiche oder Teilaspekte des FM. Als Beispiel seien hier genannt:

- Eine Untersuchung im Auftrag des Bundesministeriums für Gesundheit (BMG) mit dem Titel 'Finanzierung der Investitionen und der Instandhaltung von Krankenhäusern durch Nutzungsentgelte' (Marbé; Mutschler, und Lohfert 2000).

- Eine Studie des FIR (Forschungsinstitut für Rationalisierung an der RWTH Aachen), finanziert durch das Bundesministerium für Forschung und Entwicklung in Zusammenarbeit mit dem TüV NRW Süd, beschäftigt sich mit der Zertifizierung von medizintechnischen Servicedienstleistungen nach Qualitätsmanagement-Gesichtspunkten.[7]

Zu der Studie im Auftrag des BMG ist anzumerken, dass sie im Ergebnis eine prozentuale Bindung der Instandhaltungskosten an den Fallwert vorschlägt. Die Deutsche Krankenhausgesellschaft schreibt in ihrem Kommentar zu dieser Studie (DKG 2000): „Dieses Verfahren dürfte zu ungenau sein, weil es nicht den Anforderungen an ein leistungsgerechtes Entgeltsystem genügt." Die vom Ansatz her richtige Vorgehensweise,

---

[7] Service-Gütesiegel – Bewertung von Serviceleistungen aus Kundensicht, FIR Forschungsinstitut für Rationalisierung an der RWTH Aachen.

die in dieser Studie dargestellt wird, weist Schwachpunkte in der Differenzierung zwischen verschiedenen Fällen auf. So würde bei gleichem Fallwert eine Fallpauschale mit einer hohen Verweildauer mit dem gleichen Anteil an facilitären Kosten belastet, wie eine Fallpauschale, die annähernd ambulanten Charakter hat. Außerdem bietet eine solche pauschale Umlage der Kosten keinen Anreiz zur Einsparung, da methodisch keine Kopplung zwischen Ursache und Wirkung besteht. Weitere Studien sind dem Autor nicht bekannt.

Die steigenden Anforderungen an die medizinischen Prozesse resultieren auch in steigenden Anforderungen an die nicht medizinischen Prozesse, da diese die Grundlage für die Behandlung von Patienten bilden. Doch auch aus einem weiteren Grund ist es angebracht, die nicht medizinischen Leistungen im Krankenhaus genauer zu betrachten. Einsparungen bei den medizinischen Leistungen können leicht direkten Einfluss auf die Qualität der Patientenversorgung haben. Eine Optimierung der nicht medizinischen Leistungen hingegen – z.B. durch moderne Managementmethoden – kann ohne Einfluss auf die Qualität der Patientenversorgung erfolgen oder hat nur mittelbar Einfluss auf diese.

In Abbildung 6 ist die Entwicklung der Kosten im Krankenhaus bezogen auf den Berechnungstag über mehrere Jahre dargestellt. Es fällt auf, dass parallel zur Kostensteigerung im medizinischen Bereich auch eine in etwa gleiche Entwicklung im nicht medizinischen Bereich zu beobachten ist.

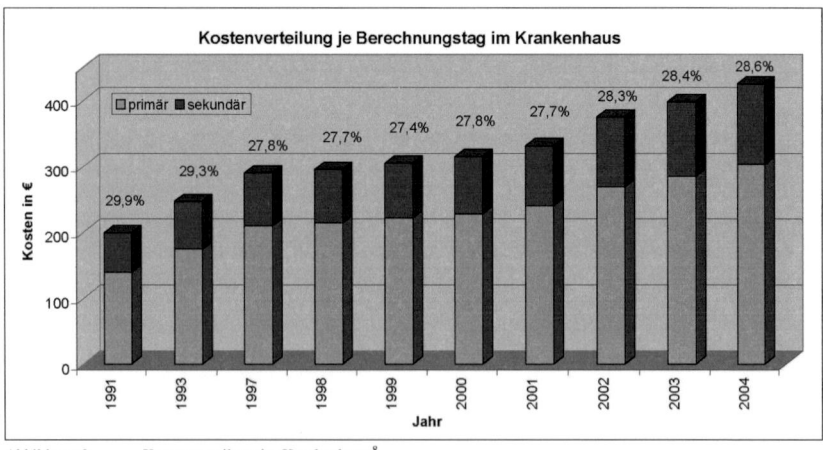

Abbildung 6:   Kostenverteilung im Krankenhaus [8]

8

Absolut gesehen belaufen sich die gesamten Kosten im nicht medizinischen Bereich derzeit auf ca. 18 Mrd. Euro.[8] Es ist folglich schon aufgrund des in der Summe für das Gesundheitswesen nicht unbeträchtlichen Betrages unbedingt erforderlich, diesen Bereich intensiver zu betrachten.

Neben diesen finanziellen Hintergründen spricht auch die Marktentwicklung für eine intensive Analyse der Sekundärprozesse.

1.1 Problemstellung

Das Gesundheitswesen hat erheblichen Einfluss auf die wirtschaftliche Situation der Gesellschaft und umgekehrt. Da die Beiträge zur gesetzlichen Krankenversicherung einkommensabhängig sind, hat eine positive wie negative Entwicklung der Wirtschaft direkten Einfluss auf die Finanzierbarkeit des Gesundheitswesens. Durch den medizinischen Fortschritt und die demographische Entwicklung steigen die Kosten für das Gesundheitswesen jedoch kontinuierlich.

Die Kostensteigerungen im Gesundheitswesen abzufangen, ohne das ein negativer Einfluss auf die Gesundheitsversorgung des Einzelnen entsteht, ist eine große Herausforderung, vor der Politik und Gesellschaft stehen.

1.1.1 Kerngeschäft und FM Dienstleistungen

Das Kerngeschäft eines jeden Unternehmens besteht darin, Produkte entsprechend der Anforderung der Kunden möglichst kostengünstig herzustellen und kostendeckend (non Profit) bzw. gewinnbringend abzusetzen.

Der Deutsche Verband für FM (GEFMA) spricht in diesem Zusammenhang von Kernprozessen und definiert diese als „Abfolge von Tätigkeiten, durch deren Ergebnisse sich eine Organisation im Markt gegenüber externen Kunden definiert und gegenüber Wettbewerbern differenziert." (GEFMA 100-1 2004), S. 4.

Die CEN Norm (CEN 2006), S. 6 spricht in diesem Zusammenhang von Hauptaktivitäten und definiert diese als die „Aktivitäten, die die unverwechselbaren und unentbehrlichen Kompetenzen einer Organisation in ihrer Wertschöpfungskette kennzeichnen."

---

[8] Eigene Darstellung auf Basis der Zahlen des Statistischen Bundesamtes für 2004 (Statistisches Bundesamt 2006)

9

Beide Definitionen verdeutlichen, dass das Kerngeschäft durch „unverwechselbare und unentbehrliche Kompetenzen" bzw. durch „Ergebnisse … gegenüber Wettbewerbern differenziert." Im Krankenhaus sind darunter die Leistungen des medizinischen Personals zu verstehen.

GEFMA definiert Facility Management als eine "Managementdisziplin, die durch ergebnisorientierte Handhabung von Facilities und Services im Rahmen geplanter, gesteuerter und beherrschter Facility Prozesse eine Befriedigung der Grundbedürfnisse von Menschen am Arbeitsplatz, Unterstützung der Unternehmens-Kernprozesse und Erhöhung der Kapitalrentabilität bewirkt."

Die CEN Norm definiert FM als die „Integration von Prozessen innerhalb einer Organisation zur Erbringung und Entwicklung der vereinbarten Leistungen, welche zur Unterstützung und Verbesserung der Effektivität der Hauptaktivitäten der Organisation dienen." (CEN 2006), S. 5.

Wenn auch aus ethischer Sicht durchaus kritisiert wird, das Krankenhaus mit dem Dienstleistungsgewerbe zu vergleichen – so sprach der Bundespräsident Rau in seiner Ansprache auf dem 107. Ärztetag davon, dass „Ärzte sind keine Anbieter, und Patienten sind keine Kunden" seien und führt weiter aus: „Die medizinische Versorgung darf nicht auf eine „Dienstleistung" reduziert werden." (Rau 2004) S. 5, – so bleibt unbestritten, dass der Arzt zur Durchführung seines Dienstes am Menschen eine entsprechende Umgebung benötigt. Unabhängig davon, ob in diesem Zusammenhang der Patient als Kunde und der Arzt als Anbieter bezeichnet wird, kann die Bereitstellung der benötigten Umgebung als eine Dienstleistung betrachtet werden. Damit wird im Sinne der CEN Norm (siehe Abbildung 7) der Arzt Kunde des FM, der einen konkreten Bedarf an Facilities Services hat. Die vollständige Umsetzung dieser Grundidee im Krankenhaus ergibt eine eindeutige Aufteilung der Tätigkeiten in primäre und sekundäre Prozesse.

Das Kerngeschäft eines Krankenhauses besteht in der Heilung von Patienten. Bei näherer Betrachtung lassen sich auch weitere Ebenen an kurativen, den Heilungsprozess unterstützenden und anderen patientennahen Leistungen definieren. So schreibt die Unternehmensberatung Accenture (vgl. (Accenture 2004), S. 7) vom Kernprozess sowie sekundären und tertiären Services und ordnet die verschiedenen Leistungen wie in Abbildung 8 dargestellt zu.

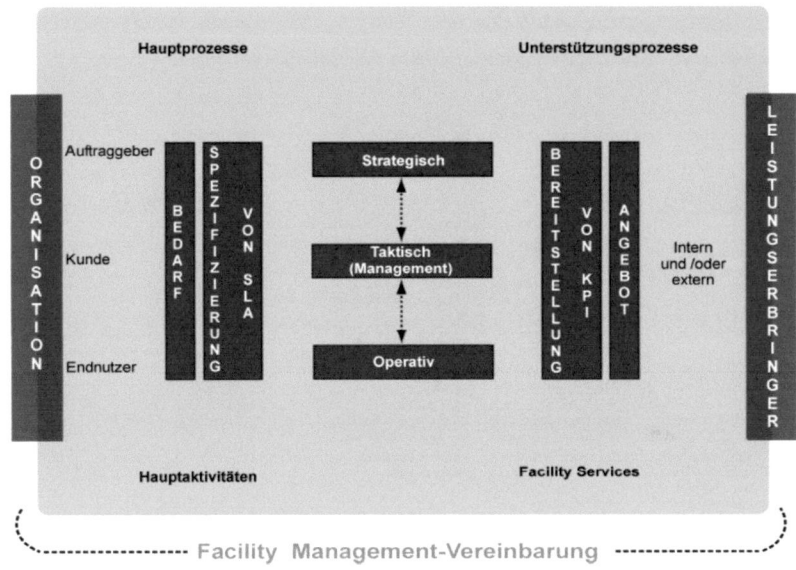

Abbildung 7: Facility Management-Modell nach CEN (CEN 2006), S. 8

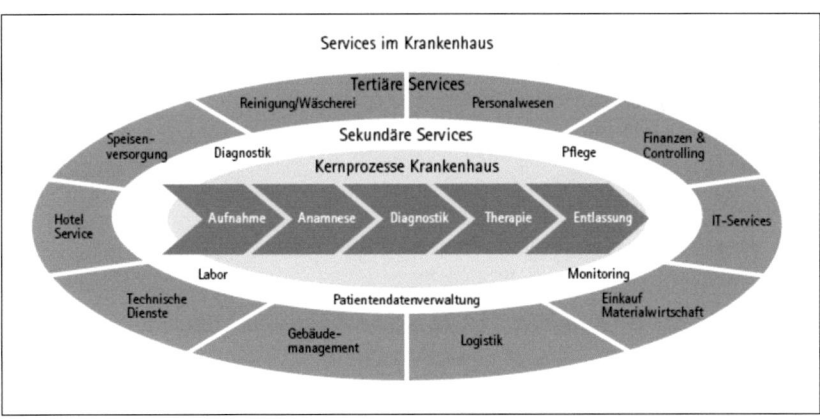

Abbildung 8: Kernprozesse sowie sekundäre und tertiäre Prozesse im Krankenhaus (Accenture 2004) S.7

Alfen hingegen rechnet die Pflege dem Primärprozess zu wenn er von den: „klinischen Leistungen des Primärbereiches, beispielsweise … ärztliche Versorgung und … Pflege"

11

(Alfen; Buscher; Daube, und Weidemann 2005), S. 1086 schreibt. Weiter unterscheidet Alfen Sekundär- und Tertiärleistungen wie in Abbildung 9 dargestellt.

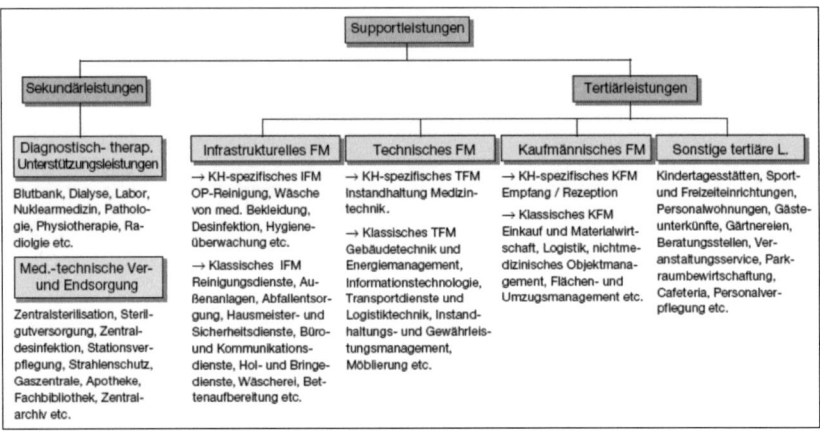

Abbildung 9: Übersicht über Supportleistungen in einem Krankenhaus (Alfen et al. 2005), S. 1086

Da es keine eindeutige Definition von Primär-, Sekundär und Tertiärprozessen gibt, wird im Rahmen dieser Arbeit nach Primär- und Sekundärprozessen unterschieden. Den Primärprozessen werden entsprechend der CEN Norm alle Leistungen zugeordnet, die der „unverwechselbaren und unentbehrlichen Kompetenzen" des medizinischen Personals bedürfen. Für das Krankenhaus sind darunter alle Leistungen zu zählen, die nur mit einer entsprechenden medizinischen Ausbildung durchgeführt werden dürfen bzw. die vom Arzt verordnet werden. Über diese Differenzierung kann der Begriff Primärprozess einfach und eindeutig definiert werden:

Definition: Primärprozess

Alle Aktivitäten im Krankenhaus, die durch einen Arzt verschrieben werden bzw. aufgrund medizinischer Indikation angeordnet werden, gehören zum **Kerngeschäft des Krankenhauses**. Diese Aktivitäten werden auch unter den Begriffen Primärleistungen, Primärprozesse oder Primärgeschäft zusammengefasst.

Weiter können entsprechend der CEN Norm alle Leistungen, die der „Unterstützung und Verbesserung der Effektivität der Hauptaktivitäten" beitragen als Sekundärprozesse definiert werden. Es ist jedoch auch vereinfachend möglich, die Sekundärprozesse über den Umkehrschluss aus der Definition der Primärprozesse zu definieren:

Definition: Sekundärprozess

Alle Aktivitäten im Krankenhaus, die nicht durch einen Arzt verschrieben werden bzw. aufgrund medizinischer Indikation angeordnet werden, gehören nicht zum Kerngeschäft des Krankenhauses. Diese Aktivitäten werden auch unter den Begriffen Sekundärleistungen, **Sekundärprozesse**, Sekundärgeschäft bzw. FM-Prozesse oder FM-Leistungen zusammengefasst.

Alle Aktivitäten, die zum Genesungsprozess beitragen, benötigen eine entsprechende Umgebung. Um beispielsweise die richtige Diagnose zu stellen, benötigt das medizinische Personal vor allem Wissen, Erfahrung und Informationen. Das Röntgengerät, der Raum in dem es sich befindet und die Medien, die zum Betrieb benötigt werden, sind in diesem Zusammenhang Betriebsmittel, die zur Erstellung der Diagnose benötigt werden. Die Kosten, die durch die Bereitstellung der notwendigen Umgebung entstehen, fallen in der Betriebswirtschaft unter den Begriff Gemeinkosten (vgl. (Gabler 2000) S. 1215). Große Teile der Kostenrechnung in der Betriebswirtschaft befassen sich mit der korrekten Zuordnung dieser Gemeinkosten, um die benötigte Grundlage für die notwendigen Entscheidungen zu bilden.

Das Institut für das Entgeltsystem im Krankenhaus (InEK) unterscheidet in seinem Kalkulationshandbuch für die Einführung der Diagnosis Related Groups (DRGs) in Deutschland (InEK 2002) die Gemeinkosten in Kosten für die medizinische Infrastruktur und die nicht medizinische Infrastruktur. Diese Aufteilung ist weitgehend inhaltsgleich mit der vorgenommen Differenzierung in Primär- und Sekundärprozesse, auf der diese Arbeit im Wesentlichen aufbaut. Werden auf Basis dieser Differenzierung die Kosten für die stationäre Versorgung in Deutschland betrachtet, so ergibt sich die in Abbildung 10 dargestellte Aufteilung. Dabei entfallen 71% Anteile (54% Personalkosten und 17% Sachkosten) auf die Kosten, die im Zusammenhang mit Primärprozessen stehen und 29% Anteile (11% Sachkosten und 18% Personalkosten) für die Kosten der Sekundärprozesse.

13

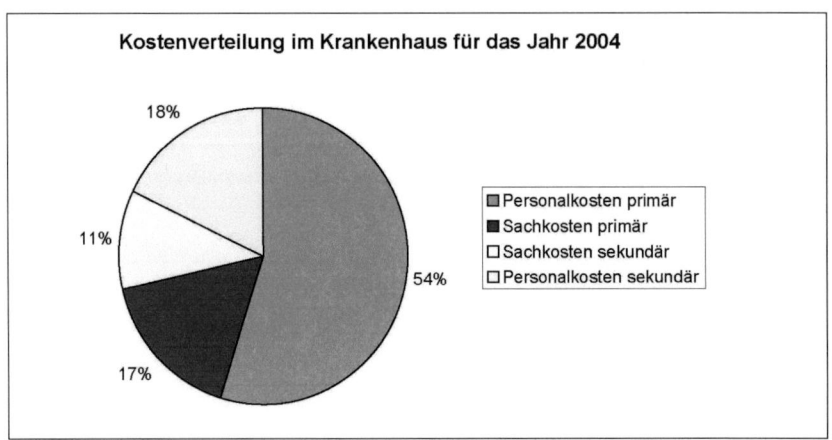

Kostenverteilung im Krankenhaus für das Jahr 2004

Legende:
- Personalkosten primär
- Sachkosten primär
- Sachkosten sekundär
- Personalkosten sekundär

Werte: 18%, 11%, 17%, 54%

Abbildung 10:   Primäre und sekundäre Kosten im Krankenhaus (Statistisches Bundesamt 2006)

Somit stehen annähernd ein Drittel der Kosten im Krankenhaus nicht in direktem Zusammenhang mit der Heilung oder Pflege von Patienten.

1.1.2 Finanzierung der stationären Gesundheitsversorgung und Facility Management

Neben den Definitionen des FM, nach denen Menschen, Prozesse und die notwendige Umgebung (vgl. (Rondeau; Brown, und Lapides 1995)) im Focus stehen, bildet die Sichtweise auf den Lebenszyklus eines Gebäudes in vielen Abhandlungen einen Schwerpunkt (vgl. (Kahlen 2001) (Shohet und Lavy 2004)). Wichtiger Aspekt bei der Betrachtung des Lebenszyklus eines Gebäudes ist der Zusammenhang zwischen Erstellungskosten und Betriebskosten einer Immobilie. Grundthese ist im Allgemeinen, dass die Betriebskosten wesentlich durch die Art der Verwendung der Erstellungskosten bestimmt werden und nur mit erheblichem Aufwand nach Abschluss der Erstellung beeinflusst werden können. In deutschen Krankenhäusern ist dieser Aspekt von besonderer Bedeutung. Nach aktuellem Finanzierungssystem deutscher Krankenhäuser werden Investitions- und Betriebskosten durch zwei verschiedene Parteien getragen (KHG 2003). Aus Sicht eines ganzheitlichen Facility Management ist dieser Finanzierungsgrundsatz geradezu kontraproduktiv. Während die Investitionskosten in Form von Fördergeldern durch die öffentliche Hand getragen werden, erfolgt die Finanzierung der Betriebskosten über die Krankenversicherungen. Dass somit die beteiligten Parteien in erster Linie die selbst zu tragenden Kosten minimieren wollen, ist selbstverständlich. Es

14

entsteht möglicherweise eine paradoxe Situation. Investitionen, die sich über die Lebensdauer eines Gebäudes mehrfach amortisieren werden nicht getätigt, um Investitionskosten zu sparen. Auf der anderen Seite werden Betriebsmittel nicht optimal instand gehalten, um Betriebskosten zu Reinvestitionen werden zu lassen. Aus Sicht des FM ist daher die diskutierte Einführung einer monistischen Finanzierung zu begrüßen. Durch die monistische Finanzierung wird das Krankenhaus in die Pflicht genommen, auch die Immobilie und die zugehörigen Dienstleistungen als Betriebsmittel zu betrachten, die durch medizinische Leistungen refinanziert werden müssen. Dadurch entsteht der Anreiz, diese Leistungen ganzheitlich zu betrachten und nicht unabhängig voneinander einzelne Teilbereiche kostenseitig zu reduzieren.

1.1.3 DRG Verrechnung und Prozesskostenrechnung

Rüschmann et al. schreiben im Krankenhaus-Report 2003 (Klauber; Robra, und Schellschmidt 2004) S.212 „Der Gesetzgeber hat mit der Einführung der German Diagnosis Related Groups (G-DRG) die Weichen der Krankenhausfinanzierung für die Zukunft gestellt (Krankenhausentgeltgesetz 2002). Der Weg vom Selbstkostendeckungsprinzip über Fallpauschalen/Sonderentgelte bis hin zu den G-DRGs fließt in eine leistungsorientierte Vergütung mit allen Wirkungen des Wettbewerbs: Die Einführung des DRG-Systems bringt vor allem Transparenz. Medizinische Leistungen werden erstmals landesweit über die einheitliche Abbildung von medizinischen Schweregraden und Komorbiditäten vergleichbar. Gleiches gilt auch für die Kosten, die einer Behandlung bestimmter Krankheiten zugeordnet werden. Die den Leistungen entsprechenden Entgelte (Fallpauschalen) haben landesweit die gleiche Höhe (staatlich verordnete Preise). Wirkungen dieses Preissystems – wie kürzere Liegezeiten und damit verbunden freiwerdende Kapazitäten – bedingen den Leistungswettbewerb."

Das Handbuch zur Kalkulation von Fallkosten der InEK (InEK 2002) spricht von medizinischer und nicht medizinischer Infrastruktur. Diese beiden Kostenartengruppen machen im Krankenhaus einen Anteil von ca. 30% der Gesamtkosten aus. Bei den Personalkosten liegt das Verhältnis bei 75% primär und 25% sekundär. Das bedeutet, dass die Existenz jeder vierten Personalstelle nicht durch den medizinischen Dienst direkt beeinflusst werden kann. Die Sachkosten teilen sich 60% zu 40% in primäre und sekundäre Kosten auf.

Die Frage, die sich dabei stellt, ist: Wie werden diese Kosten bei der Kalkulation von DRGs weiter berücksichtigt? Entsprechend den Vorgaben des Kalkulationshandbuches der InEK (InEK 2002) bleiben die Kosten der medizinischen und nicht medizinischen Infrastruktur entweder auf der so genannten Basiskostenstelle und werden somit über die Anzahl der Pflegetage auf die DRG umgelegt; oder die Kosten werden über mehr oder weniger willkürlich gewählte Verrechnungsschlüssel auf die verschiedenen Kostenstellengruppen umgelegt.

Unter dem Begriffe Basiskostenstellen versteht InEK (InEK 2002), S. 155 „Auf der Basiskostenstelle sind ausschließlich die Kosten der nicht medizinischen Infrastruktur (Kostenartengruppe 8) in den Krankenhäusern zusammengefasst, die die Kostenstellenverrechnung nach dem vereinfachten Umlageverfahren oder dem Mischverfahren durchführen." Weiter schreibt InEK „Die auf der Basiskostenstelle gebuchten Kosten werden den fallbezogenen Datensätzen im Rahmen einer ungewichteten Bezugsgrößenkalkulation mit dem Leistungsmerkmal „Pflegetage" zugeordnet."

Beide Varianten – Verrechnung über den Pflegetag und Verrechnung über Verrechnungsschlüssel – stellen keinen Zusammenhang zwischen dem Verursacher und den beanspruchten Leistungen her und bieten somit keinen Anreiz, die Leistungen zu optimieren. Zusätzlich besteht die Gefahr, dass Kostenstellengruppen benachteiligt werden und somit z.B. die Normalstationen die Intensivstationen ungewollt quersubventionieren. Wie können in Zukunft die nicht medizinischen Leistungen sinnvoll berücksichtigt und so ein kontinuierliches und sinnvolles Controlling ermöglicht werden? Wie die Kosten aus den verschiedenen Bereichen den einzelnen DRGs zugeordnet werden sollen, ist im Kalkulationshandbuch bereits vorgegeben. Daher gilt es, in Anlehnung an die Verrechnungssystematik für die Primärprozesse auch ein Verrechnungssystem für die Sekundärprozesse zu entwickeln.

1.1.4 Kostenbewusstsein der Beteiligten

Die im FM entstehenden Kosten zu steuern, erweist sich als schwierige Aufgabe. Die medizinischen Bereiche sehen keine Veranlassung, sich mit den Kosten des FM zu beschäftigen. Es fehlt ihnen eine Möglichkeit, diese Kosten zu ihren Gunsten zu beeinflussen. Der Wert der Leistungen ist den medizinischen Bereichen nicht ersichtlich. Sie sehen sich entweder nur der Patientenversorgung verpflichtet oder, wenn es um die wirtschaftliche Situation des Krankenhauses geht, fühlen sie sich ausschließlich für die Erlösseite verantwortlich. Für die kostenintensive Bereitstellung der notwendigen Arbeitsumgebung ist oftmals aus Sicht der medizinischen Bereiche ausschließlich die kaufmännische Leitung eines Hauses verantwortlich. Diese konzentriert sich jedoch in den Zeiten des kontinuierlichen Umbruchs im Gesundheitswesen auf das Medizincontrolling und die großen Kostengruppen im Krankenhaus.

1.1.5 Problem der nicht berücksichtigten Kostenanteile beim Controlling von DRGs

Wenn nach dem bisherigen Schema die Kosten für die Erbringung einer DRG einem Controlling zugeführt werden, existieren drei Ebenen, die berücksichtigt werden müssen. Die erste Ebene (siehe Abbildung 11) beinhaltet die direkten Kosten der Kostenstelle, in der die Diagnose erstellt und der Patient behandelt wurde. Wird diese Ebene mit der Normalstation gleichgesetzt, entfallen auf diesen Bereich nach Zahlen der InEK (InEK 2006) ca. 20%.

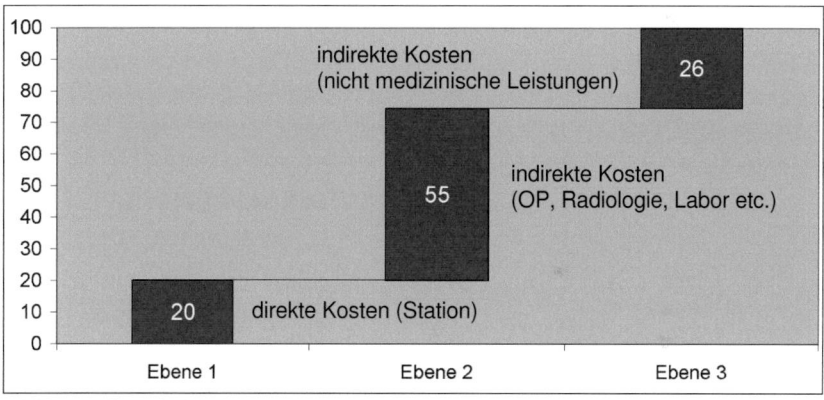

Abbildung 11: Ebenen des DRG Controlling

Die zweite Ebene sind die medizinischen Leistungen, die nicht direkt durch die Kostenstelle erbracht werden, die für den Patienten verantwortlich zeichnet. Zu nennen sind in diesem Zusammenhang diagnostische und therapeutische Leistungen wie Radiologie, Labor oder therapeutische Leistungen wie Operation oder physikalische Therapie. Auch der Bereich der Intensivmedizin ist dieser Ebene zuzuordnen. Auf diesen Bereich entfallen ca. 55% der Kosten. Die dritte Ebene beinhaltet alle Leistungen, die nicht medizinischen Ursprungs sind. Darunter fallen administrative Leistungen wie die Patientenaufnahme und Personalverwaltung. Aber auch alle facilitären Leistungen wie die Bereitstellung von Flächen und die zugehörigen Dienstleistungen sind dieser dritten Ebene zuzuordnen. Diese Ebene macht immerhin ca. 26% Prozent aus. Während die ersten beiden Ebenen bei der Kalkulation der DRGs detailliert berücksichtigt wurden und zumindest die erste Ebene mit großer Wahrscheinlichkeit in einem DRG Controlling berücksichtigt werden wird, so wird die dritte Ebene in den meisten Krankenhäusern nur über die Basiskostenstellen berücksichtigt und wird im Rahmen eines DRG Controlling entsprechend dem allgemeinen Umgang mit Gemeinkosten berücksichtigt.

1.1.5.1 Kostenrechnung im Krankenhaus – Stand der Technik

Die Kostenrechnung im Krankenhaus erreicht im Regelfall die verordnete Mindestqualität. So hielt die Kostenstellenrechnung in Deutschen Krankenhäusern mit der Bekanntmachung der Krankenhaus-Buchführungsverordnung in 1978 Einzug (KHBV 1978). In dieser Verordnung sind die Grundlagen der Kostenarten- und Kostenstellenrechnung für Krankenhäuser verbindlich beschrieben. Über diese Anforderungen hinaus gibt es im Allgemeinen keine nennenswerten Aktivitäten in Krankenhäusern auf freiwilliger Basis. Erst die Einführung der DRGs über die Änderung des Krankenhausfinanzierungsgesetzes (KHG 2003) in 1999 und die Bekanntmachung der Krankenhaus Fallpauschalen Verordnung (KPFV 2002) in 2002 führte indirekt zu Veränderungen in der Kostenrechnung.

Der Schwerpunkt der Kostenrechnung im Krankenhaus lag bis dato auf der Kostenstellenrechnung. Dies wird auch daran deutlich, dass im Gegensatz zu Wöhe (Wöhe 2002) die Aufgaben der Kostenstellenrechnung umgekehrt definiert werden. Während nach Wöhe die Hauptaufgabe die „genauere Zurechnung der Gemeinkosten auf die Kostenträger" ist und erst an zweiter Stelle die Kontrollfunktion steht, sprechen Hentze und Kehres (Hentze und Kehres 1999) für das Krankenhaus zuerst von der Kontrolle und erst an dritter Stelle von der Vorbereitung der Kostenträgerrechnung.

„Die Kostenstellenrechnung hat grundsätzlich folgende Aufgaben:

(1) Kostenstellenbezogene Kontrolle der Wirtschaftlichkeit

(2) Überwachung kostenstellenbezogener Budgets

(3) Vorbereitung der Kostenträgerrechnung" (Hentze und Kehres 1999), S. 41

Als Argumentation für diese Reihenfolge nennen sie die KHBV. „Die beiden ersten, für jede Kostenstellenrechnung geltenden Ziele sind für die Kostenstellenrechnung im Krankenhaus in § 8 KHBV ausdrücklich genannt. Damit wird deutlich, dass der Schwerpunkt der Kosten- und Leistungsrechnung im Krankenhaus auf der Kostenstellenrechnung liegt."

2 Zielsetzung

Ziel dieser Arbeit ist es, ein System zu entwickeln, welches dem Krankenhaus die Möglichkeit bietet, facilitäre Leistungen und die damit verbundenen Kosten über ein Verrechnungssystem transparent zu machen. Außerdem sollen die Kosten den Verursachern zugeordnet werden können und die Verursacher sollen diese steuern können.

2.1 Facility Management Strukturen für die Anwendung im Krankenhaus

Die nicht vorhandene Transparenz in Bezug auf das FM im Krankenhaus ist Bestandteil des Problems. Dieser Mangel spiegelt sich oft in einer gewachsenen Organisationsstruktur wider, die sich nicht an den Prozessen orientiert.

Die Ergebnisse dieser Arbeit sind eine Hilfestellung, die Grundprinzipien des FM auch in Krankenhäusern einzuführen und die Aufbau- und Ablauforganisationen entsprechend produktorientiert zu strukturieren.

2.2 Prozessorientierte Verrechnung

Die Einführung der DRGs geht einher mit der zunehmenden Prozessorientierung in der Patientenversorgung.

Diese Prozessorientierung, die sich auch in der Anwendung von klinischen Behandlungspfaden widerspiegelt, sollte auch auf der Seite der Sekundärprozesse im Krankenhaus wiederzufinden sein. Dabei muss sich die Verrechnung der Sekundärprozesse nach den Vorgaben des Primärprozesses richten. Dies bedeutet, dass die Verrechnung von Sekundärleistungen komplementär zur Kalkulation bzw. zum Controlling von DRGs sein muss.

Daraus resultiert die Überlegung, ein System zur Verrechnung und zum Controlling der Dienstleistungen im FM zu entwerfen, das im Tagesgeschäft anwendbar ist.

2.3 Nutzen durch das System

Durch die Anwendung des Systems soll die umfassende Verrechnung aller sekundären Dienstleistungen mit vertretbarem Aufwand ermöglicht werden. Diese Verrechnung – und die sich daraus ergebenden Produkte und Preise – bieten einen vielfältigen Nutzen für alle beteiligten Partner.

Der Kunde des FM soll zunächst durch die Anwendung des Systems einen verständlichen Überblick über die Leistungen des FM in Form von Produkten erhalten. Durch die Verwendung von Produktmengen zur Verrechnung und die Darstellung zugehöriger Preise soll der Kunde eine maximale Transparenz in Bezug auf die durch ihn in Anspruch genommenen Leistungen erhalten und soll gleichzeitig in die Lage versetzt werden, Aufwand und Nutzen des FM zu beurteilen und steuernd einzugreifen.

Gleichzeitig soll durch das System die Akzeptanz des FM Dienstleisters verbessert werden. Unabhängig davon, ob die Leistungen durch einen externen oder internen Dienstleister erbracht werden, soll Facility Management-Leistungserbringer als Lieferant von Produkten betrachtet werden. Dadurch wandelt sich der FM-Dienstleister von einem Verwalter und Instandhalter von Gebäuden und Einrichtungen zum Anbieter von Produkten, die den Kernprozess des Krankenhauses in seiner Effizienz stärken. Durch die neue Position soll der FM-Dienstleister in die Lage versetzt werden, Mengen, Preise und Budgets auf Basis von belastbaren Zahlen mit der Geschäftsführung zu verhandeln. Der Facility Manager soll dadurch zum strategischen Berater in Bezug auf die sekundären Dienstleistungen werden.

Die Systematik soll in allen Krankenhäusern des deutschen Gesundheitswesens anwendbar sein. Dadurch wird eine Vergleichbarkeit zwischen den verschiedenen Häusern auf gleicher Basis ermöglicht. Es ergeben sich Anreize zur Verbesserung und letztendlich Einsparungen für das Gesundheitswesen ohne eine negative Beeinflussung des Primärprozesses.

Bei Nutzung des Systems können alle Kosten des FM über den Lebenszyklus verrechnet werden. Damit wäre dem Grundprinzip des FM, die Leistungen ganzheitlich über den gesamten Lebenszyklus des Gebäudes zu betrachten, Rechnung getragen. Das System ist damit gleichzeitig auf eine Abkehr von der dualen Finanzierung im Krankenhaus vorbereitet.

Insgesamt soll das System zur Professionalisierung der FM-Leistungen im Krankenhaus beitragen. Dies bedeutet auch, dass die strategischen Entscheidungen in Bezug auf In- oder Outsourcing auf einer fundierten Datenbasis getroffen werden können.

2.4 Abgrenzung

Das System ist zwar in seiner Gestaltung sehr stark prozess- und produktorientiert. Dennoch handelt es sich nicht in vollem Umfang um das, was unter dem Begriff Prozesskostenrechnung oder „activitiy based costing" verstanden wird. Das System verwendet Methoden der Prozesskostenrechnung und ist so gestaltet, dass jederzeit der Ausbau in Richtung Prozesskostenrechnung möglich ist. Am Bedarf der deutschen Krankenhäuser ausgerichtet, liegt der Schwerpunkt jedoch auf der einfachen produktorientierten Verrechnung aller Leistungen im FM.

Die vorliegende Arbeit ist keine neue Norm oder Definition zu FM-Produkten. Aus Sicht des Anbieters von FM-Leistungen sind diese in verschiedenen Normen und Richtlinien, wie z.b. den Normen DIN EN 15221-1 oder DIN 32736 ausgiebig definiert und beschrieben. In dieser Arbeit werden die FM-Leistungen zu für den Kunden akzeptierbaren Produkteinheiten zusammengefasst. Es werden in dieser Arbeit keine neuen Vorgaben für die Kostenrechnung gemacht. Vielmehr werden vorhandene gesetzliche oder anderweitige Vorgaben in dem System berücksichtigt und für eine Produktorientierung angepasst.

Die Ergebnisse des Systems in Form von Produktpreisen sind mit Umsicht zu verwenden. Nur in der Anwendung der innerbetrieblichen Verrechnung für alle Produkte bilden sich Marktpreise. In den jeweiligen Zwischenstufen ergeben sich leicht verzerrte Preise, die je nach Bedarf auch durch Auf- bzw. Abschläge mit dem Markt vergleichbar gemacht werden können. Prinzipiell sollte dies allen Beteiligten deutlich gemacht werden, damit nicht überzogene Erwartungen oder strategisch falsche Entscheidungen daraus resultieren. In erster Linie sind die Produkte und zugehörigen Preise Steuerungsinstrumente, die eine selbständige Regelung des Marktes zwischen FM-Dienstleister und FM-Kunde ermöglichen sollen.

3 Theoretische Grundlagen

Inhalt der theoretischen Grundlagen sind zum einen Grundlagen der Kostenrechnung mit dem Focus auf der Kostenrechnung im Krankenhaus, die als Basis für die Entwicklung des Verrechnungssystems die Rahmenbedingungen bestimmen. Im Weiteren werden in diesem Teil die angewendeten Methoden der Datenerhebung – Datenverarbeitung und Datenauswertung inklusive der herangezogenen statistischen Methoden beschrieben.

3.1 Kostenrechnung im Krankenhaus

3.1.1 Grundlagen Kostenrechnung

Wöhe (Wöhe 2002) schreibt zum Thema Kostenrechnung „Aufgabe der Kostenrechnung ist die Erfassung, Verteilung und Zurechnung der Kosten, die bei der betrieblichen Leistungserstellung und -verwertung entstehen, zu dem Zweck,

1. durch Ermittlung der voraussichtlich anfallenden Kosten eine Grundlage für betriebliche Dispositionen zu schaffen (**entscheidungsorientierte Zukunftsrechnung**) und

2. durch Vergleich der tatsächlich angefallenen Kosten mit den zuvor geplanten Kosten Planabweichungen festzustellen und somit die Möglichkeit zu schaffen, die Ursachen von Fehlleistungen, die sowohl im Planungs- als auch im Produktionsbereich liegen können, aufzudecken (**kontrollierende Vergangenheitsrechnung**)."

Die Betrachtung konzentriert sich dabei auf Gesamtunternehmen und die zugehörigen Absatzleistungen und Außenaufträge. Facility Management versteht sich aber als sekundäre Dienstleistung, die vorwiegend innerbetrieblich verrechnet werden muss. Die Abbildung dieser komplexen Verrechnungsvorgänge bedarf der präzisen Anwendung der verschiedenen Grundlagen der Kostenrechnung.

3.1.1.1 Kostenartenrechnung

Grundlage der Kostenartenrechnung ist die Frage, welche Kosten angefallen sind. Die Kostenartenrechnung unterscheidet dabei nach der Herkunft und unabhängig vom Einsatz der Produktionsfaktoren. (Wöhe 2002)

Im Krankenhaus ist der Rahmen für die Gliederung der Kostenarten durch die Krankenhausbuchführungsverordnung (KHBV 1978) vorgegeben. Im Anhang der Verordnung wird eine vor allem für die medizinischen Bereiche detaillierte Gliederung der Kostenarten vorgegeben (vgl. (Hentze und Kehres 1999)). Hentze et al. schreiben weiter „Ziel des Musterkontenplanes ist es, die Konten und deren Inhalte einheitlich zu definieren und so insbesondere im Hinblick auf die Leistungs- und Kalkulationsaufstellung mit den Zahlen anderer Krankenhäuser vergleichbar zu machen." Dies verdeutlicht, dass durch die Kostenarten lediglich ein Vergleich mit Anderen unterstützt wird. Eine Beurteilung über den effizienten Einsatz von Produktionsfaktoren ist nicht möglich, da ein Bezug zur Leistungsmenge fehlt.

Keun (Keun 1999), S. 94 schreibt dazu: „Die Kostenartenrechnung hat folgende wesentliche Aufgaben zu erfüllen:

- Ermittlung der Kostendaten für die Kostenstellen- und Kostenträgerrechnung,
- vollständige Erfassung und Darstellung der angefallenen Kosten durch die Leistungserstellung, insbesondere auch die Abgrenzung vom Aufwand,
- Kontrolle der absoluten Höhe einzelner Kostenarten im Zeitvergleich, sowie Kontrolle des relativen Anteils einzelner Kostenarten an den Gesamtkosten."

Keun erläutert weiter dazu, „die Kostenarten allein liefern nicht immer aussagekräftige Informationen." Er zielt dabei auf die Untergliederung in variable und fixe Kosten, Einzel- und Gemeinkosten oder Personal- und Materialkosten ab.

Eine weitere Stufe in Richtung aussagekräftiger Informationen besteht auch in der Kostenstellenrechnung.

3.1.1.2 Kostenstellenrechnung

Zentrale Frage im Rahmen der Kostenstellenrechnung ist der Ort der Entstehung. Basierend auf der Kostenartenrechnung werden die Kosten auf verschiedene Betriebsbereiche verteilt. (vgl. (Wöhe 2002))

Keun (Keun 1999), S. 122 bezeichnet die Aufgaben der Kostenstellenrechnung wie folgt: „Die Kostenstellenrechnung hat sowohl abrechnungstechnische – Verteilung der Einzel- und Gemeinkosten – als auch organisatorische Aufgaben – Kontrolle der betrieblichen Tätigkeiten und Planung der Kosten – zu erfüllen."

Wöhe nennt weiter als wesentlichen Zweck der Kostenstellenrechnung die „genauere Zurechnung der Gemeinkosten auf die Kostenträger." Als zweite Aufgabe der Kostenstellenrechnung sieht Wöhe die Kostenkontrolle. Die Kostenstellenrechnung ist somit als Zwischenschritt zur Kostenträgerrechnung zu sehen.

3.1.1.3 Kostenträgerrechnung

„Die Kostenträgerrechnung stellt die Frage: Wofür sind die Kosten entstanden? Sie hat die Aufgabe, die Herstell- und Selbstkosten, die bei der Erstellung von absatzfähigen oder innerbetrieblichen Leistungen (Kostenträger) entstanden sind, auf die Leistungseinheiten zu verrechnen." (Wöhe 2002)

Werden durch einen speziellen Kostenträger nur bestimmte Kostenstellen beansprucht, so können in der Kostenträgerrechnung diese speziellen Beanspruchungen durch eine differenzierte Verteilung der Gemeinkosten berücksichtigt werden. Im Allgemeinen werden diese Verteilungen über prozentuale Schlüssel berücksichtigt.

3.1.1.4 Kostenträgerstückrechnung

„Die Kostenträgerstückrechnung ermittelt die Kosten, die für die Erstellung einer Leitungs- oder Produkteinheit entstanden sind." (Keun 1999), S. 155

3.1.1.5 Prozesskostenrechnung

Die Prozesskostenrechnung verfolgt neben dem Ziel aller Kostenrechnungssysteme, wie von Wöhe formuliert (siehe Abschnitt 3.1.1), eine Berücksichtigung der einzelnen Aktivitäten, die Ursache für Kosten sind. Durch die Differenzierung der Aktivitäten nach verschiedenen Hierarchiestufen (Kaplan und Cooper 1999) ermöglicht die Prozesskostenrechnung eine Berücksichtigung unterschiedlicher Prozesse und Prozessabläufe sowohl in der Zukunftsrechnung als auch der Vergangenheitsrechnung.

In Gablers Kompakt-Lexikon Modernes Rechnungswesen wird die Prozesskostenrechnung wie folgt definiert:

24

„**Prozesskostenrechnung:**
Vollkostenrechnung, die eine Verursachergerechte Verrechnung der Gemeinkosten zum Ziel hat. Sie weist einige Ähnlichkeiten zu dem aus den USA stammenden Activity Based Costing auf. Die Prozesskostenrechnung konzentriert sich auf Gemeinkostenbereiche und ist als eine auf die Spezifika des deutschen Rechnungswesens ausgerichtete aktivitätenorientierte Rechung zu verstehen, bei der der Prozessgedanke im Vordergrund steht." (Becker und Lutz 2002) S. 218

3.1.1.6 Produkt- und Prozessorientierung

Die Produkt- und Prozessorientierung hat zum Ziel, alle Aktivitäten der Kostenrechnung auf Einheiten zu konzentrieren, die dem Unternehmensziel entsprechen. Damit sind die vermarktbaren Produkte einer Unternehmung gemeint. Für das FM im Krankenhaus besteht dabei die Schwierigkeit, die Unternehmensziele eines Krankenhauses in durch das FM produzierte Einheiten abzubilden. Es ist daher unabdingbar notwendig, das Krankenhaus in Sekundär- und Primärbereiche zu unterteilen. Ergebnis sind Sekundärprozesse, die Produkte produzieren, die durch die Primärprozesse konsumiert werden. Diese durch den Primärprozess benötigten Produkte müssen die Ausgangslage für ein Produkt- und Prozessorientiertes Verrechnungssystem sein.

3.2 Methodik

Um dem Anspruch an die Prozessorientierung in Bezug auf den Primärprozess gerecht zu werden, wurde für den Entwurf des Verrechnungssystems der grundlegende Ansatz gewählt, nach Produkten im Bereich der sekundären Dienstleistungen zu suchen, die als Basis für eine Verrechnung herangezogen werden können. Als Produkt in diesem Zusammenhang ist das Ergebnis eines Prozesses im Facility Management zu verstehen, welches für den Kunden notwendig ist für die Erbringung seiner primären Dienstleistung (ISO 9000 2000) (Gabler 2000).

Der Entwurf des Verrechnungssystems erfolgte unter der Berücksichtigung der theoretischen Grundlagen und der praktisch gegebenen Rahmenbedingungen durch Gesetze und Verordnungen.

Um die Anwendbarkeit und Aussagekraft des Systems zu überprüfen, wurde eine Datenerhebung in den OPIK Partnerkrankenhäusern durchgeführt. Die erhobenen Daten wurden mit Hilfe der deskriptiven Statistik untersucht, um die Ergebnisse in Bezug auf Aussagekraft und statistische Signifikanz zu überprüfen.

Die Entwicklung einer Einführungsstrategie wurde unterstützt durch eine ABC-Analyse, die eine Klassifizierung der Produkte in Bezug auf ihre Kostenanteile ermöglicht. Entsprechend der Kostenanteile und Einsparpotentiale können dann die Produkte ausgewählt werden, die bei der Einführung vorrangig in das Verrechnungssystem mit einbezogen werden sollten.

Abschließend wurde durch eine Faktorenanalyse untersucht, von welchen Faktoren die Menge an konsumierten FM-Produkten abhängt.

3.2.1 Interviews – Workshops – Expertengespräche

Im Rahmen des Forschungsprojekts OPIK wurden mit den kaufmännischen Leitungen der allen am Projekt beteiligten Krankenhäuser strukturierte Interviews unter Zuhilfenahme eines Fragebogens durchgeführt. Die Ergebnisse der Interviews dienten als Grundlage für die Ausrichtung bei der Entwicklung des Produktkatalogs.

In mehreren Workshops wurde in einem Arbeitskreis von OPIK gemeinsam mit Experten aus den Bereichen der kaufmännischen Leitung, des operativen Facility Management im Krankenhaus und des strategischen FM im Krankenhaus sowie in der Privatwirtschaft der Produktkatalog entwickelt. Der entwickelte Produktkatalog wurde nachfolgend projektintern auf einem Workshop mit allen beteiligten Partnern aus OPIK diskutiert.

Auf mehreren nationalen und internationalen Veranstaltungen wurde der Produktkatalog präsentiert und mit den jeweiligen Teilnehmern überprüft und diskutiert. Die erste internationale Präsentation und Diskussion der Produktliste erfolgte auf der EuroFM Konferenz in Kopenhagen (Lennerts; Abel, und Pfründer 2004b). Als weitere Veranstaltungen, auf denen der Produktkatalog präsentiert und diskutiert wurde, sind zu nennen: TK Hannover (Abel und Lennerts 2003), Bundesfachtagung der Fachvereinigung Krankenhaustechnik (FKT) (Lennerts und Abel 2004), IFHE Kongress in Orlando (Abel; Pfründer, und Lennerts 2004), EuroFM Konferenz in Frankfurt (Abel und Lennerts 2005) und erneut auf der Bundesfachtagung der FKT (Abel und Lennerts 2006a).

3.2.2 Datenerhebung

Das entwickelte Produktmodell wurde durch eine Datenerhebung an 13 deutschen Krankenhäusern überprüft. Hierzu wurden die benötigten Daten aus den Häusern über Erhebungsbogen abgefragt. Die verwendeten Erhebungsbogen sind in „Anlage 1: Erhebungsbogen" beigefügt. Für die Datenerhebung standen die folgenden Häuser zur Verfügung:

- Städtisches Klinikum Karlsruhe gGmbH
- Stadtklinik Baden-Baden (Klinikum Mittelbaden gGmbH)
- St. Marien- und St. Annastiftskrankenhaus Ludwigshafen
- Bethesda Krankenhaus Stuttgart gGmbH
- Klinikum der Johann-Wolfgang Goethe-Universität
- Klinikum Saarbrücken gGmbH
- Universitätsklinikum Gießen
- St. Vincentius-Kliniken gAG Karlsruhe
- Universitätsklinikum Heidelberg
- Kreiskrankenhaus Eberbach
- Kreiskrankenhaus Schwetzingen
- Kreiskrankenhaus Sinsheim
- Kreiskrankenhaus Weinheim

3.2.2.1 Stichprobenumfang

Die Formel für die Berechnung des erforderlichen Stichprobenumfangs lautet:

$$n \geq \frac{N \cdot t^2 \cdot s^2}{t^2 \cdot s^2 + (N-1) \cdot e_a^2} \tag{3.1}$$

mit

n	–	erforderlicher Stichprobenumfang
N	–	Grundgesamtheit
t	–	Wert aus der t Verteilung
s^2	–	Streuung aus einer Vorerhebung
e_a	–	absolute Abweichung des Mittelwertes $\bar{x}$ aus der Stichprobe vom Erwartungswert μ

27

Die Grundgesamtheit, die durch die Stichprobe repräsentiert werden soll steht mit der Gesamtanzahl der stationären Gesundheitseinrichtungen in Deutschland fest. Somit kann bei der Abschätzung des erforderlichen Stichprobenumfangs von einer begrenzten Grundgesamtheit ausgegangen werden. Laut deutscher Krankenhausgesellschaft (DKG 2006) entspricht diese Grundgesamtheit für das Jahr 2004 wie bereits erwähnt 2.166 Einrichtungen. Für die Abschätzung wurde eine Verhältniszahl, die sich auf Basis der Daten des statistischen Bundesamts (Statistisches Bundesamt 2005) berechnen lässt, mit den Verhältniszahlen aus der Vorerhebung verglichen. Gewählt wurde das Verhältnis Mitarbeiter je Planbetten. Diese Verhältniszahl bietet sich an, da die Werte für die Grundgesamtheit vorhanden sind und das Verhältnis zwischen Mitarbeiteranzahl und Anzahl Planbetten durch Art und Ausrichtung des Hauses beeinflusst wird. So haben Universitätskliniken eine höhere Anzahl Mitarbeiter pro Bett als Häuser der Grund- und Regelversorgung, da zusätzlich Personal im Bereich Forschung und Lehre eingesetzt wird. Aus den Zahlen des statistischen Bundesamts ergibt sich somit ein Erwartungswert μ aus 1.079.831 Mitarbeitern auf 531.333 Betten von 2,03. Aus der Vorerhebung ergibt sich eine Streuung von $s^2 = 0,646$. Zugelassen werden soll eine Abweichung des Mittelwertes aus der Stichprobe vom Erwartungswert von 10% bei einem Konfidenzniveau von 0,9. Daraus ergeben sich $e_a = 0,203$ und $t = 1,64$. Eingesetzt in Gleichung 4.1 ergibt sich ein erforderlicher Stichprobenumfang von:

$$n \geq \frac{N \cdot t^2 \cdot s^2}{t^2 \cdot s^2 + (N-1) \cdot e_a^2} = \frac{2166 \cdot 1,64^2 \cdot 0,646}{1,64^2 \cdot 0,646 + (2166 - 1) \cdot 0,203^2} = 41$$

3.2.2.2 Erhebungsbogen

Die Datenerhebung wurde soweit wie möglich über elektronische Formulare abgewickelt. Die Kostendaten jedoch wurden in Excel-Dateien übermittelt und mussten vor der automatischen Übernahme in die Datenbank manuell aufbereitet werden.

Die Kostendaten bezüglich der Sachkosten wurden – zur Minimierung des Erfassungsaufwandes – entsprechend der Krankenhausbuchführungsverordnung (KHBV 1978) erhoben. Dies entspricht dem Grundgedanken des Verrechnungssystems, dass alle notwendigen Daten – im Rahmen des ohnehin betriebenen Aufwandes im Rahmen der Kostenrechnung – verfügbar sind. Auf diese Weise konnte sichergestellt werden, dass die benötigten Daten in allen beteiligten Häusern verfügbar waren. Allerdings handelt es sich bei diesen Daten, in den Zeiten erhöhten Wettbewerbs zwischen den

Krankenhäusern, um hoch sensible Daten. Die zweite Komponente zur Ermittlung der Kostenseite bestand in der Erhebung der Verteilung von Personalkosten. Die gewählte Methode bestand in diesem Fall aus der Ermittlung einer krankenhausspezifischen prozentualen Verteilung der Personalkosten auf die einzelnen Produkte. Die Gesamtheit der zu verteilenden Personalkosten konnte sehr einfach abgefragt werden, da die Struktur der Personalkosten gemäß KHBV in allen Häusern gleich ist. So konnte hier ein Standardformular verwendet werden.

Zur Charakterisierung der Häuser wurden auch grundlegende Daten, die die Häuser in ihrer Art und Größe wiedergeben, erfasst.

Für die Produktmengen mussten zwei Erhebungen durchgeführt werden. In einem Formular wurden Bewegungsdaten - wie die Menge an gelieferten Essen oder verbrauchter Energie – abgefragt. Ein weiteres Formular bezog sich auf die Struktur der Flächen. Hier wurden die Hauptnutzflächen differenziert nach den Nutzungsarten NF1 bis NF6 gemäß DIN 277 (DIN 277-2 2005) abgefragt.

Die Rücklaufquoten der Fragebogen zu den jeweiligen Teilbereichen sind in Tabelle 1 dargestellt.

Grundlegende Daten	Produktmengen	Kostendaten	Flächenverteilungen
100%	69%	100%	69%

Tabelle 1: Rücklaufquoten der Datenerhebung

3.2.3 Deskriptive Statistik

Die Anwendung statistischer Methoden beschränkt sich zunächst auf die deskriptive Statistik. Nachfolgend wird eine Faktorenanalyse durchgeführt, die untersucht, ob eventuell die Datenmenge reduziert werden kann.

Die Beschränkung auf Methoden der deskriptiven Statistik wurde gewählt, da es im Kern um die Beschreibung des entwickelten Verrechnungssystems auf der Basis von Realdaten geht.

Ferschl (Ferschl 1978) schreibt zur deskriptiven Statistik: „Sie befasst sich mit der Erhebung und Betrachtung der Daten als solchen. Die Daten werden als historisches Faktum angesehen". Im Gegensatz dazu schreibt Ferschl zur induktiven Statistik: „Sie versucht, aus den erhobenen Fakten Schlüsse auf die Ursachenkomplexe zu ziehen, welche diese Daten produziert haben".

Grundthese bei der statistischen Analyse ist in diesem Fall, dass ein Zusammenhang zwischen Kennwerten, die ein Krankenhaus beschreiben, und den verbrauchten FM-Produktmengen besteht. Weiter soll untersucht werden, ob ein Zusammenhang zwischen den Aufwänden, die für die Herstellung bzw. Bereitstellung eines Produkts betrieben werden, und der Menge des jeweiligen Produkts besteht.

Kockelkorn (Kockelkorn 2000) schreibt über den Zusammenhangsbegriff: „Zusammenhänge lassen sich kausal oder funktional interpretieren:

Die kausale Interpretation unterstellt zwischen Y und X eine Ursache-Wirkung-Beziehung: Weil X einen bestimmten Wert angenommen hat, ist der Wert von **Y** gerade g(**X**) oder – falls die Beziehung durch ein **U** gestört ist – wenigstens annähernd gleich g(**X**).

Die funktionale Interpretation ist eine deskriptive Interpretation. Hier wird die Relation zwischen **Y** und **X** gelesen wie eine Rechenvorschrift, die es erlaubt, aus den **X**-Werten die entsprechenden **Y**-Werte zu errechnen. Kurz gefasst gilt:

Kausale Interpretation begründet: **Y** weil **X**.

Funktionale Interpretation begründet **Y** wenn **X**."

Ein kausaler Zusammenhang wird zwischen Aufwand und Produktmenge unterstellt. In Bezug auf Kennwerte und Produktmengen werden weder kausale noch funktionale Zusammenhänge vorausgesetzt oder unterstellt. Die Analyse erfolgt daher für alle möglichen Kombinationen aus Produktmenge und Kennwerten. Ziel ist in erster Linie eine möglichst sichere Prognose und erst nachfolgend wird untersucht, ob ein kausaler oder funktionaler Zusammenhang in der Interpretation zulässig ist.

Die Analyse erfolgte mit Hilfe der linearen Regression. Zwei Gründe sprechen für diese Methode. Zum einen handelt es sich um eine Stichprobe, die nicht ausreicht, um komplexere Zusammenhänge sicher belegen zu können. Zum anderen ist Ziel der Analyse die Beschreibung des Systems, um es auf seine Plausibilität hin zu überprüfen. In beiden Fällen ist die Beschränkung auf einen robusten linearen Ansatz angebracht.

Ein linearer Zusammenhang wird in der Mathematik wie folgt dargestellt:

$$Y = m \cdot X + b \qquad (3.2)$$

Kockelkorn beschreibt die Methoden der linearen Regression sehr ausführlich. Im folgenden sind die notwendigen Begriffe, Definitionen und Erläuterungen von Kockelkorn (Kockelkorn 2000) entnommen und zusammenfassend dargestellt.

Handelt es sich bei X und Y um zwei eindimensionale zufällige Variablen, so heißt

$$\sigma^2 := \sigma_X^2 := \text{Var}(X) := (X - \text{E} X)^2 \qquad (3.3)$$

die Varianz von X. Dabei ist EX der Erwartungswert von X. Und

$$\sigma_{XY} := \text{Cov}(X,Y) := \text{E}[(X - \text{E} X)(Y - \text{E} Y)] \qquad (3.4)$$

ist die Kovarianz von X und Y. Ist $X \geq 0$, so misst der Variationskoeffizient

$$\gamma := \frac{\sigma}{\text{E} X} \qquad (3.5)$$

die relative Streuung von X.

Sind weder X noch Y Konstante, so ist der Korrelationskoeffizient von X und Y definiert durch

$$\rho(X,Y) := \frac{\text{Cov}(X,Y)}{\sqrt{\text{Var } X \cdot \text{Var} Y}} = \frac{\sigma_{XY}}{\sigma_X \cdot \sigma_Y}. \qquad (3.6)$$

Dabei ist $-1 \leq \rho(X,Y) \leq +1$. Ist $\rho(X,Y) = 0$ so heißen die Variablen X und Y unkorreliert.

In der linearen Regression werden die Variablen X und Y nicht gleichrangig behandelt. Es wird Y als eine abhängige Variable (Regressand) und X als eine unabhängige Variable (Regressor) betrachtet. Gesucht ist nun eine lineare Funktion, die in Abhängigkeit von X sich am besten an Y annähert:

$$\hat{Y} = \beta_0 + \beta_1 \cdot X. \qquad (3.7)$$

Dabei ist $\hat{Y}$ die beste Prognose und β_0 bzw. β_1 sind die zu bestimmenden Konstanten. Es wird unterschieden in den homogenen Fall, bei dem $\beta_0 = 0$ ist und in den inhomogenen Fall. Eine lineare Funktion $\hat{Y}$ wird die beste lineare Prognose von Y genannt, wenn das Quadrat der Differenz zwischen $\hat{Y}$ und Y minimal ist.

Die Methode der kleinsten Quadrate minimiert $\|y - \hat{y}\|^2 = \|\varepsilon\|^2$. Dabei ist ε die Störgröße, die den systematischen Zusammenhang zwischen y und x überlagert. Also ist $\|\varepsilon\|^2$ ein erster Indikator, wie gut diese Approximation gelungen ist. Üblicherweise bezeichnet man $\|\varepsilon\|^2$ mit SSE (Sum of Squares Error).

$$\text{SSE} := \|\varepsilon\|^2 = \|y - \hat{y}\|^2 = \sum (y_i - \hat{y}_i)^2 = \sum \bar{\varepsilon}_i^2 \qquad (3.8)$$

Eine weitere Größe ist die Summe der quadrierten Abweichungen vom Mittelwert SST (Sum of Squares Total)

$$\text{SST} := \|y - \bar{y}\|^2 \qquad (3.9)$$

Die Differenz aus SST und SSE ergibt die durch die Regression erklärte Abweichung SSR (Sum of Squares Regression)

$$\text{SSR} := \|\hat{y} - \bar{y}\|^2 \qquad (3.10)$$

Der Anteil der durch die Regression erklärten Varianz an der Gesamtvarianz kann somit geschrieben werden als

$$r^2 = \frac{\text{SSR}}{\text{SST}} = \frac{\|\hat{y} - \bar{y}\|^2}{\|y - \bar{y}\|^2} \qquad (3.11)$$

und wird als Bestimmtheitsmaß bezeichnet.

Das Bestimmtheitsmaß kann Werte zwischen 0 und 1 annehmen. Dabei bedeutet 1, dass keine Differenz zwischen der durch die Regression erklärten und der Gesamtvarianz besteht. Somit steigt der Wert des Regressionsmodells in Form der linearen Funktion mit steigendem Bestimmtheitsmaß.

3.2.4 ABC-Analyse

Die ABC-Analyse wird im allgemeinen zur Beurteilung von Lagerbeständen oder Bewertung von Umsätzen nach Produkten oder Kunden angewandt (Flores und Whybark 1985). Es handelt sich dabei um ein „Verfahren zur Schwerpunktbildung durch Dreiteilung: A: wichtig, dringend; B: weniger wichtig; C: unwichtig, nebensächlich." (Gabler 2000) S. 3

Zur Untersuchung der FM-Kosten wurden die Buchhaltungsdaten der Krankenhäuser in die hierzu entwickelte Kostenstruktur übertragen und den Produkten zugewiesen. Hierbei wurden die Kosten für die einzelnen Produkte bezogen auf die Fläche betrachtet. Somit wurde eine Normierung der Kosten für die einzelnen Produkte über die Fläche als Indikator für die Größe des Krankenhauses durchgeführt. Die Kosten für die einzelnen Produkte wurden über die 13 untersuchten Häuser aufsummiert. Anschließend wurde der prozentuale Anteil an den gesamten FM-Kosten für jedes Produkte berechnet. Eine Differenzierung erfolgte lediglich in A und B Produkte. Dabei wurden die Produkte, die die größten Anteile der FM-Kosten auf sich vereinen und zusammen 80% der gesamten FM-Kosten ausmachen, der Kategorie A zugeordnet. Alle verbleibenden Produkte wurden der Kategorie B zugeordnet.

3.2.5 Faktorenanalyse

Aus dem Gebiet der multivariaten Statistik geht die Faktorenanalyse davon aus, dass die an Objekten beobachteten Merkmale in der Regel miteinander korreliert sind. (vgl. (Hartung und Elpelt 1999)). Hartung schreibt auf Seite 10 weiter: „...sie lassen sich auf *latente, „künstliche" Merkmale (Faktoren)*, die selbst nicht beobachtet werden können, zurückführen."

Für den untersuchten Fall ist z.b. davon auszugehen, dass die Größe eines Krankenhauses einen großen Einfluss auf die erhobenen Zahlen hat. Ob dies wirklich der Fall ist, wie groß dieser Einfluss ist und ob es noch weitere Faktoren gibt, die einen nennenswerten Einfluss auf das FM im Krankenhaus haben, wird mit der Faktorenanalyse untersucht.

Die Theorie hierzu beschreibt Hartung wie folgt: (vgl. (Hartung und Elpelt 1999), S. 505-508)

Betrachtet man an n Objekten aus einer Grundgesamtheit p Merkmale, so werden diese in der Regel nicht voneinander unabhängig sein; die Merkmale sind also korreliert.

Eine hohe Korrelation von Merkmalen deutet nun darauf hin, dass diese Merkmale bzw. Variablen von einer anderen latenten Größe, die nicht gemessen wurde bzw. nicht direkt gemessen werden kann, beeinflusst werden.

Ausgangspunkt der *Faktorenanalyse (factor analysis)* ist nun folgende Fragestellung: Lassen sich diejenigen Größen, *latente Faktoren (factors)* extrahieren, welche die Zusammenhänge d.h. die Korrelation, zwischen p beobachtbaren Merkmalen erklären? Wie viele und welche Faktoren erklären die Zusammenhänge möglichst gut?

Ausgangspunkt einer solchen Faktorenanalyse ist dann eine quantitative Datenmatrix Y mit n Zeilen und p Spalten. Die i-te Zeile enthält die p Merkmalswerte y_{i1}, y_{i2},.....,y_{ip} der interessierenden Merkmale Y_1,........Y_p, die am i-ten Objekt beobachtet wurden:

$$Y = \begin{bmatrix} y_{11} & y_{12} & \cdots & y_{1p} \\ \vdots & \vdots & & \vdots \\ y_{i1} & y_{i2} & \cdots & y_{ip} \\ \vdots & \vdots & & \vdots \\ y_{n1} & y_{n2} & \cdots & y_{np} \end{bmatrix} \tag{3.12}$$

Diese Matrix wird standardisiert, so dass der Mittelwert jeder Spalte Null und die empirische Varianz jeder Spalte Eins ist.

$$Y_{st} = \begin{bmatrix} y_{11}^{st} & \cdots & y_{1p}^{st} \\ \vdots & & \vdots \\ y_{n1}^{st} & \cdots & y_{np}^{st} \end{bmatrix} \tag{3.13}$$

Die Faktorenanalyse geht davon aus, dass sich die p beobachteten Merkmale als Linearkombination von q' unbekannten, nichtbeobachtbaren Faktoren $F_1,\ldots,F_{q'}$ darstellen lassen. Jedes Element der standardisierten Datenmatrix lässt sich dann als Linearkombination von Realisationen f_{ik}, mit i=1,…,n, k=1,…,q', der unbekannten Faktoren $F_1,\ldots,F_{q'}$ beschreiben:

$$y_{ij}^{st} = l_{j1} \cdot f_{i1} + l_{j2} \cdot f_{i2} + \ldots + l_{jq'} \cdot f_{iq'} \quad \text{für i} = 1,\ldots,\text{n und j} = 1,\ldots,\text{p} \tag{3.14}$$

d.h. die Matrix Y_{st} ist darstellbar als Produkt zweier Matrizen

$$Y_{st} = \begin{bmatrix} f_{11} & \cdots & f_{1p} \\ \vdots & & \vdots \\ f_{n1} & \cdots & f_{np} \end{bmatrix} \begin{bmatrix} l_{11} & \cdots & l_{1q'} \\ \vdots & & \vdots \\ l_{p1} & \cdots & l_{pq'} \end{bmatrix} \tag{3.15}$$

Dabei beschreiben die Koeffizienten l_{jk}, j=1,…,p, k=1,…,q', die *Ladungen* des k-ten nichtbeobachtbaren Faktors Fk bzgl. des j-ten beobachteten Merkmals; diese Koeffizienten heißen auch *Faktorladungen (factor loadings)*.

Die *Matrix der Faktorladungen* $\tilde{L}$ nennt man *Ladungsmatrix* oder auch *Faktorenmuster (factor pattern)*. Die Größe f_{ik}, i=1,…,n, k=1,…,q', heißt Faktorenwert des k-ten Faktors F_k beim i-ten beobachteten Objekt.

3.2.5.1 Die Hauptkomponentenanalyse

Hartung und Elpelt (Hartung und Elpelt 1999) S. 527-530 erklären die Hauptkomponentenanalyse wie folgt.

„Die Hauptkomponentenanalyse (principal component analysis), die auf Hotelling (Hotelling 1936) zurückgeht, unterscheidet sich in einem Punkt wesentlich von den Methoden der Faktorenanalyse. Versucht man bei der Faktorenanalyse q orthogonale Faktoren $F_1,...,F_q$ zu extrahieren, so dass sich durch die Korrelationsmatrix zwischen beobachteten Merkmalen und nicht beobachteten Merkmalen und extrahierten, nicht beobachtbaren Faktoren (da die Faktoren orthogonal sind, ist dies grade die Ladungsmatrix L) die reduzierte Korrelationsmatrix $\tilde{R}$ der p beobachteten Merkmale widerspiegeln ließ ($\tilde{R} = L \cdot L^T$), so geht man bei der Hauptkomponentenanalyse von der Korrelationsmatrix R selbst aus; die Annahme merkmalseigener Varianzen wird hier also nicht gemacht. Die p beobachteten Merkmale werden hier durch eine lineare Transformation in p unkorrelierte, also orthogonale Komponenten überführt.

Ziel der Hauptkomponentenanalyse ist es in der Regel nicht, interpretierbare Komponenten zu konstruieren; daher sieht man auch meist von der Rotation des Ergebnisses einer Hauptkomponentenanalyse ab. Vielmehr dient diese mehr formale Analyse dazu, komplizierte Beziehungen in beobachteten Daten auf eine einfachere Form zu reduzieren.

Hat man etwa eine $n \times 2$- Datenmatrix, Y, d.h. zwei Merkmale an n Objekten beobachtet, so lassen sich die n Zeilen der Datenmatrix durch n Punkte mit Koordinaten $(y_{11},y_{12}),...,(y_{n1},y_{n2})$ zweidimensional darstellen. Geht man davon aus, dass die beiden Merkmale in einer Grundgesamtheit, aus der die n Objekte einer Stichprobe stammen, normalverteilt sind und eine von Null verschiedene Korrelation haben, so liegen die n Punkte i.w. in einer Ellipse mit Hauptachsen K_1 und K_2, die sich ungefähr im Schwerpunkt S schneiden. In Abbildung 12 werden diese Ausführungen graphisch erläutert; die n=15 Punkte sind durch Kreuze angedeutet.

Durch Verschieben des Nullpunktes und Drehung transformiert die Hauptkomponentenmethode das Koordinatensystem der beobachteten Merkmale in das der Hauptachsen der Ellipse. Dieses Prinzip lässt sich natürlich auf p>2 Merkmale ausweiten."

35

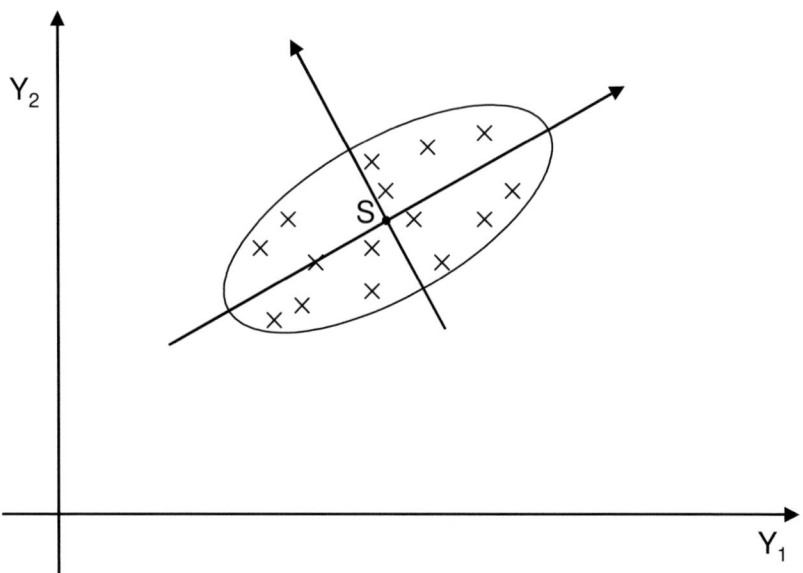

Abbildung 12: Graphische Darstellung einer 15x2 - Datenmatrix Y mit Schwerpunkt und Hauptachsen (Hartung und Elpelt 1999), S. 529

„Bei der Bestimmung der Matrix K der Komponentenwerte (sie entspricht der Faktorenwertematrix FF), …, die ja die Beziehung zwischen den n beobachteten Objekten und den Komponenten beschreibt, beschränkt man sich häufig auf q<p wesentliche Komponenten. Und zwar wählt man q so, dass gilt

$$\tilde{\gamma}_q = \gamma_1 + \gamma_2 + \ldots + \gamma_q \geq \gamma \text{ und } \gamma_1 + \ldots + \gamma_{q-1} < \gamma \qquad (3.16)$$

Eine unverbindliche Empfehlung ist $\gamma = 0,9$; dann werden mindestens 90% der Gesamtvarianz der beobachteten Merkmale durch die Komponenten $K_1, \ldots, K_q$ erklärt.

Eine andere Möglichkeit q festzulegen, besteht darin, in einem Diagramm die Größen γ_K als Funktion von k darzustellen. Verbindet man die Punkte im Diagramm, so wählt man q so, dass die Verbindungslinie der Punkte zwischen q und q-1 eine deutliche Sprungstelle besitzt und für k>q keine solche deutliche Sprungstelle mehr auftaucht."

36

4 Produkte des Facility Management im Krankenhaus

Das Produkt wird als Begriff verschiedenartig definiert und verwendet. Während die Chemie oder das produzierende Gewerbe kein Problem haben, das Produkt genau zu definieren, ist es für die Betriebswirtschaft oder die Volkswirtschaft erheblich schwieriger.

Koppelmann schreibt im Handwörterbuch der Betriebswirtschaftslehre (Koppelmann 1993) S. 3309 „Produkte bilden die Inhalte der realwirtschaftlichen Prozesse, die sich in Unternehmen und zwischen ihnen und deren Märkten abspielen; der Schwerpunkt der Betrachtung liegt somit auf der Sachzielgestaltung im Rahmen von Fremdbedarfsdeckungswirtschaften."

Auch wenn in dieser Definition der Unterschied zwischen Fremd- und Eigenbedarf in den Vordergrund gerückt wird, ist dennoch deutlich, dass Produkte das Ergebnis von Prozessen sind und somit der Abbildung von Aktivitäten in Unternehmen – und zwischen Unternehmen und Märkten – dienen.

Das Gabler Wirtschaftslexikon (Gabler 2000), S. 2489 schreibt zum Begriff „Produkt": „Ergebnis der Produktion und Sachziel einer Unternehmung oder auch Mittel der Bedürfnisbefriedigung. Einteilung in Sachgüter, Dienstleistungen und Energieleistungen. Charakterisierung durch die Art der Kombination materieller und immaterieller Produktanteile und die realisierten Produktfunktionen."

Hervorzuheben ist, dass in dieser Definition das Produkt durch seine Funktion charakterisiert wird und als Mittel der Bedürfnisbefriedigung gesehen wird.

Im Baugewerbe ist unter anderem eine Definition des Begriffes Produkt in der DIN 6779-12 (DIN 6779-12 2003) zu finden, in der es heißt: ein Produkt ist ein „geplantes oder fertiges Arbeitsergebnis oder Ergebnis eines natürlichen oder künstlichen Prozesses". Diese Definition entspricht in etwa der in DIN EN ISO 9000, die ein Produkt als „Ergebnis eines Prozesses" (ISO 9000 2000), S. 18 definiert.

Die Darstellung in der DIN EN ISO 9000 (siehe Abbildung 13) kombiniert diese verschiedenen Sichtweisen.

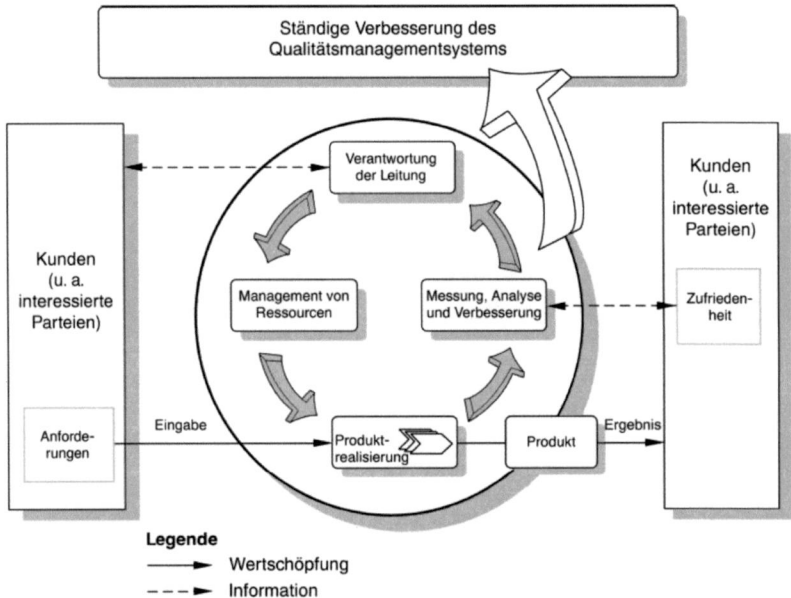

Abbildung 13: Darstellung eines prozessorientierten Qualitätsmanagementsystems (ISO 9000 2000), S. 10

Die Darstellung verdeutlicht, dass ein Produkt als Ergebnis der Produktrealisierung die Anforderungen des Kunden befriedigen muss. Ob diese Anforderungen oder Bedürfnisse erfüllt werden, kann über die Zufriedenheit des Kunden gemessen werden.

Im Sinne dieser Darstellung soll in diese Arbeit das Produktportfolio des FM definiert werden; als Ergebnis eines Prozesses, das in der Lage ist, die Bedürfnisse des Kunden zu befriedigen.

4.1 Definition des Produktportfolios

Für das Verrechnungssystem wird ein Produktportfolio definiert, welches die Gesamtheit aller Leistungen des FM umfassend, transparent und handhabbar in Produkten zusammenfasst.

38

4.1.1 Produkte im Facility Management aus Sicht des Primärprozesses

Produkte als „Ergebnis eines Prozesses" (ISO 9000 2000) und als „Mittel der Bedürfnisbefriedigung" (Gabler 2000) sind im Facility Management vorwiegend als Dienstleistungen vorzufinden. Unter Berücksichtigung der Definition von Qualität nach ISO – in der Qualität als „Grad, in dem ein Satz inhärenter Merkmale Anforderungen erfüllt" (ISO 9000 2000), S. 18, definiert wird – wird deutlich, dass es sich beim Produkt um das Bindeglied zwischen Kunde und Lieferant handelt. Der Kund mit seinen Bedürfnissen bestimmt die Anforderungen und das Produkt als Mittel der Bedürfnisbefriedigung erfüllt diese Anforderungen. Da die Hauptanforderung an das Facility Management darin besteht, Arbeitsprozesse und darin involvierte Personen des Kunden optimal zu unterstützen, werden die Anforderungen an die Produkte im Facility Management durch die zu unterstützenden Prozesse bestimmt. Aus diesem Grund müssen bei der Definition von Produkten im FM zunächst die Bedürfnisse des Primärprozesses untersucht werden. Im Rahmen dieser Arbeit wurden unter Berücksichtigung der Bedürfnisse des Primärprozesses als FM-Kunde, die Aufwände von 13 Krankenhäusern für sekundäre Leistungen untersucht. Bei der Untersuchung der genannten Aufwandskonten für sekundäre Dienstleistungen wurden die Kosten jeweils Produkten zugeordnet.

Für die Sicherung von Akzeptanz und Verständlichkeit der definierten Produkte wurden im Vorfeld Anforderungen an die zu definierenden Produkte aufgestellt. Diese sind:

- Die Produkte müssen für den Kunden einen konkreten Nutzen haben.
- Es müssen sich nachvollziehbare Verrechnungsgrößen finden lassen.
- Der Ermittlungsaufwand für die Mengeneinheiten muss vertretbar sein.
- Die Produktmenge muss durch den Kunden beeinflussbar sein.

Bei der Entwicklung des Produktkatalogs standen somit zwei Prinzipien im Vordergrund. Zum einen soll das Produkt eine messbare Einheit repräsentieren, um welche die Kosten gebündelt werden können. Zum anderen soll das Produkt eine Dienstleistung sein, die für die Durchführung der Primärleistungen benötigt wird. Am Beispiel des OP wird diese Sichtweise exemplarisch dargestellt.

Für die Durchführung einer Operation wird in Bezug auf das Facility Management zunächst eine Fläche benötigt. Aufgrund der extrem hohen Anforderungen an Hygiene und Betriebssicherheit ist der Bau von OP Flächen sehr aufwändig und somit extrem teuer. Die Bereitstellung dieser notwendigen Fläche ist Basisleistung des FM. Die installierte Medizintechnik muss zuverlässig funktionstüchtig gehalten werden, was eine entsprechende Instandhaltung bedingt. Auch die Fläche sowie die zugehörigen technischen Anlagen müssen instand gehalten und es muss regelmäßig gereinigt werden. Für das Personal, den Patienten und für den OP Arbeitsplatz werden verschiedenste Textilien benötigt. Während der Operation werden verschiedene medizinische Gase und natürlich auch die konventionellen Medien wie elektrische Energie oder Wärme benötigt. Für den Operateur wird entsprechend der Art der Operation ein OP-Besteck benötigt. Das alles bei höchsten Qualitätsansprüchen, damit die Gefahr einer Infektion für den Patienten minimal ist. Im Anschluss an die Operation müssen alle entstandenen Abfälle und Abwässer sorgfältig entsorgt werden.

In Anlehnung an die Thermodynamik kann in diesem Fall der OP als ein offenes System betrachtet werden, dessen Systemgrenze die verschiedenen Produkte überschreiten. Entsprechend der eingangs genannten Anforderungen an die zu definierenden Produkte sollte die Quantität leicht ermittelbar sein und das Produkt mit einem konkreten monetären Wert beziffert werden können. Schematisch ist diese Sichtweise in Abbildung 14 dargestellt.

Im Rahmen einer prozessorientierten Sichtweise müssen die Leistungen, die im FM erbracht werden, in Form von Personal- und Materialkosten den Produkten zugeordnet werden. Dies geschieht jedoch außerhalb der Systemgrenze und sollte für den Kunden keine Rolle spielen.

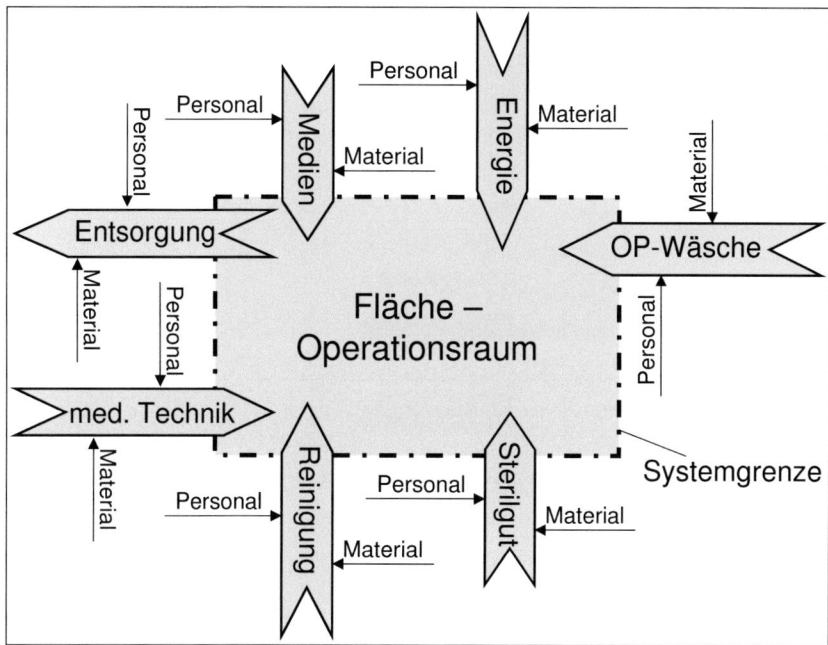

Abbildung 14:   Modell der Erbringung von FM-Dienstleistungen am OP

4.1.2 Kunde des FM im Krankenhaus

Für die Definition der Produkte ist zunächst zu klären, wer Kunde des FM im Kranken-haus ist. Kunde des Krankenhauses ist der Patient. Daher liegt die Vermutung nahe, dass der Patient auch Kunde des FM sein muss. Im Sinne eines Kunden-Lieferanten-Verhältnisses lassen sich jedoch nur wenige Produkte finden, die einen direkten Nutzen für den Patienten haben und die durch den Patienten bestellt und bezahlt werden. In der Regel gibt es einen Zwischenhändler, der für den Patienten den Bedarf bestimmt und für die entsprechende Bereitstellung bzw. Lieferung von FM-Produkten sorgt. Dieser Zwischenhändler ist die medizinische Abteilung, von der der Patient betreut wird bzw. bei der der Patient Kunde ist. Diese medizinische Abteilung ist zugleich direkter Kunde des FM, da für die Mitarbeiter der Abteilung die entsprechende Arbeitsumgebung vom FM bezogen wird.

Die Bereitstellung der benötigten Arbeitsumgebung bildet auch die Basis für das Kunden-Lieferanten-Verhältnis zwischen FM und anderen Bereichen des Krankenhau-

41

ses wie der Verwaltung oder der Forschung und Lehre. Prinzipiell kann das FM als Anbieter einer breiten Palette von FM-Produkten als Ergebnisse von FM-Aktivitäten gesehen werden. Diese FM-Produkte können dann von allen Bereichen im Krankenhaus und auch externen Personen oder Einrichtungen (FM-Kunden) abgerufen werden. Diese grundlegende Beziehung zwischen FM-Kunden und FM-Produkten ist in Abbildung 15 dargestellt.

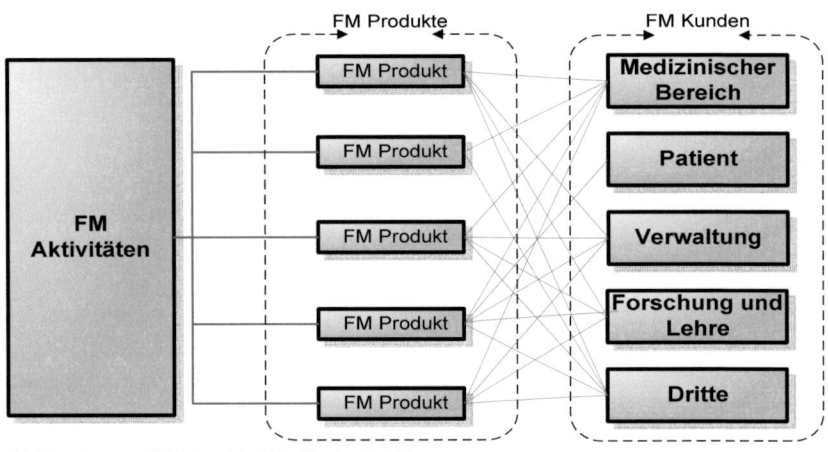

Abbildung 15:   Aktivitäten - Produkte - Kunden des FM

Dass die vom FM angebotenen Produkte von den verschiedenen Kunden in unterschiedlicher Intensität in Anspruch genommen werden, ist in der Abbildung ersichtlich. So kann z.B. der Patient nur einen geringen Teil der Produkte direkt bestellen und muss für diese auch bezahlen.

4.1.3 Aufstellung der Produktliste

Wie bereits im Abschnitt 4.1.1 erwähnt, sind mehrere Produkte im FM sehr stark mit der Fläche verbunden. So wurden in einem ersten Schritt Produkte definiert, die im Zusammenhang mit der Bereitstellung der Fläche zu sehen sind und nicht leicht durch den Kunden beeinflusst werden können. Vereinfachend kann das Produkt als die Bereitstellung der benötigten Flächen mit den zugehörigen Eigenschaften „sauber", „sicher" und „funktionstüchtig" beschrieben werden. Hierfür ist theoretisch ein Preis für das

Produkt „Fläche" ausreichend. Zur Erhöhung der Transparenz wird jedoch eine detailliertere Differenzierung vorgeschlagen.

Die ermittelten Produkte sind:

- Flächenbereitstellung
- IH Gebäude
- IH technische Anlagen
- Betreiben

- Reinigung
- Schädlingsbekämpfung
- Schutz- & Sicherheitsdienste
- Außenanlagenpflege

All diesen Leistungen ist gemein, dass sie nur schwer einer konkreten Fläche oder einer bestimmten Nutzungsart zugeordnet werden können. Aus diesem Grund wird in Abschnitt 5.2.4 eine Differenzierung der Flächenpreise entsprechend der Nutzungsart durchgeführt. Das Produkt „Flächenbereitstellung" kann auch mit dem gebräuchlicheren Begriff „Kaltmiete" beschrieben werden. Der Begriff „Kaltmiete" ist weder im Brockhaus (Brockhaus 2006) noch in Meyers Universallexikon (Zwahr 2007) zu finden. Der Duden schreibt zum Begriff „Kaltmiete": „Miete ohne Heizung", ohne weitere Erläuterungen zu geben. Die Internetenzyklopädie Wikipedia bezeichnet die Kaltmiete als „den Teil der Miete, der allein die Raumnutzung abdeckt". (Wikipedia 2004). Auch wenn die Kaltmiete nicht genau definiert und nicht vollständig inhaltsgleich mit den in diesem Zusammenhang verknüpften Leistungen ist, so ist dieser Begriff für den Kunden leicht verständlich. In der nachfolgenden Beschreibung der einzelnen Produkte (4.1.4 Begriffliche Abgrenzung der Produkte) wird unter „4.1.4.1 Flächenbereitstellung / Kaltmiete" der Begriff Kaltmiete gesondert diskutiert und definiert.

Produkte, die in der Theorie mengenmäßig erfasst werden können und entsprechend mit einem Preis versehen verrechnet werden können, sind:

- Abfallentsorgung
- Bettenversorgung
- DV-Dienste
- Fuhrpark
- Hygieneberatung
- IH Medizintechnik
- Kälteversorgung
- Rundfunk und Fernsehen

- Speisenversorgung
- Sterilgutversorgung
- Stromversorgung
- Telefondienste
- Transportdienste
- Wärmeversorgung
- Wäscheversorgung
- Wasserversorgung

Die Entscheidung, ob die genannten Produkte mengenmäßig verrechnet werden sollen, kann in der Praxis unterschiedlich ausfallen. Für eine Maximierung der Beeinflussbarkeit der Kosten – und somit die Steigerung der Akzeptanz – ist eine Erfassung und Verrechnung aller Produkte angebracht. Aus wirtschaftlicher Sicht sollte jedoch der Aufwand für die Erfassung und Verrechnung den Kostenvolumina und Einsparpotentialen der einzelnen Produkte gegenübergestellt werden.

Weiter bietet das FM noch Produkte an, die nicht kontinuierlich abgenommen werden. Für diese Produkte wird dem Kunden ein auf seine konkreten Bedürfnisse zugeschnittenes Angebot erstellt. Das Angebot muss durch den Kunden angenommen werden und wird entsprechend separat verrechnet. Produkte, die in diese Kategorie fallen sind:

- Büromaterial
- Dokumentendienste
- Post & Logistikdienste

- Technische Serviceleistungen
- Umzugsdienstleistungen

Für das FM sind diese Leistungen eine große Herausforderung. Sie sind schwer im Voraus kalkulier- und planbar. Die Kundenzufriedenheit ist jedoch in besonderem Maße von diesen Produkten abhängig. Gleichzeitig hängt der Umfang der zu erbringenden Leistungen stark vom Kundenverhalten ab. Es ist daher sinnvoll und notwendig, diese Produkte und zugehörigen Prozesse sorgfältig zu planen.

Welche Leistungen des FM welchem Produkt zuzuordnen ist, hat starken Einfluss auf die Aufbauorganisation, die Zuordnung von Verantwortlichkeiten und nicht zuletzt die Preise. Im Folgenden werden daher die definierten Produkte begrifflich abgegrenzt und die jeweiligen Inhalte werden beschrieben.

4.1.4 Begriffliche Abgrenzung der Produkte

Um in der Anwendung die Zuordnung der Kosten und Aktivitäten zu erleichtern sowie eine Konformität zu Normen und Richtlinien im FM zu gewährleisten, werden die einzelnen Produkte im Folgenden näher beschrieben und abgegrenzt.

Die Grundidee, die dem Charakter der Produkte und ihrer Abgrenzung nahe kommt, ist die Vermietung von Wohnflächen. Über eine Grundmiete refinanziert der Vermieter die Investitionskosten. Weitere Produkte werden dem Mieter kontinuierlich zur Verfügung gestellt und nach der 2. Berechnungsverordnung (II. BV 1957) in Rechnung gestellt. Für weitere facilitäre Dienstleistungen ist im Normalfall der Mieter eigenverantwortlich und bekommt in Einzelfällen auch hierzu Angebote vom Vermieter.

Herangezogen wurde die DIN 32736 (DIN 32736-1 2000), in der die Begriffe und Leistungen des Gebäudemanagement definiert werden und der Entwurf der DIN EN

15221-1 „Facility Management – Begriffe"(CEN 2006), in der die Begriffe des FM definiert werden. In der GEFMA 100-1 „Facility Management – ‚Grundlagen" wird der Begriff „Facility Produkt" als „Ergebnis eines oder mehrerer Facility Prozesse, das Anforderungen an das Facility Management erfüllt", definiert (GEFMA 100-1 2004). In der GEFMA 100-2 „Facility Management – Leistungsspektrum" (GEFMA 100-2 2004) werden basierend auf der Prozessorientierung Aktivitäten, Leistungsbereiche und Prozesse beschrieben. Die DIN 18960 (DIN 18960 1999) ordnet analog zur DIN 276 (DIN 276 1993) die Nutzungskosten im Hochbau. Wie die DIN 276 konzentriert sich dabei die DIN 18960 auf die gebäudebezogenen Leistungen.

Berücksichtigt wurden auch die Normen DIN 32835-1 „Technische Produktdokumentation – Dokumentation für das Facility Management" (DIN 32835-1 2005), die sich jedoch auf die Dokumentation einer baulichen Anlage in Form von Zeichnungen und Raumbüchern beschränkt sowie die DIN 6779-12 „Kennzeichnungssystematik für technische Produkte und technische Produktdokumentation" (DIN 6779-12 2003), die sich jedoch auf die „Produkte des Baus" als Ergebnis des Erstellungsprozesses beschränkt.

Konkreter auf das FM im Krankenhaus zugeschnitten ist die Empfehlung der Wissenschaftlichen Gesellschaft für Krankenhaustechnik (WGKT) „Facility Management für Krankenhäuser" (WGKT 1999). Die Empfehlung ist bereits in den 90er Jahren entstanden. Ein Schwerpunkt liegt auf dem Outsourcing und der allgemeinen Benennung von Bereichen des FM. Begriffe orientieren sich hier an technischen, infrastrukturellen und kaufmännischen Vorgaben. Deshalb fand diese Empfehlung keine Anwendung bei der hier verfolgten, begrifflichen Abgrenzung der Produkte.

4.1.4.1 Flächenbereitstellung / Kaltmiete

Die DIN 32736 sieht in der Bereitstellung der Fläche weniger ein Produkt bzw. eine Leistung des Gebäudemanagements, sondern einen „organisatorischen Bezugspunkt für die Leistungserbringung als auch Grundlage für die Abrechnung" (DIN 32736 2000), S 8. Die „Grundlage für die Abrechnung" kann im weitesten Sinn als Bezugsgröße interpretiert werden und erfüllt dann die Grundvoraussetzung eines Produkts. Eine Beschreibung, welche Leistungen enthalten sein könnten, wird jedoch nicht gegeben.

Die DIN EN 15221-1 untergliedert die Leistungen des Facility Management in zwei Teilbereiche. Von diesen heißt der eine „Fläche & Infrastruktur". Im Gegensatz zu „Personal & Organisation". Dem Bereich „Fläche & Infrastruktur" sind zugeordnet:

- die Unterbringung
  Bedarf nach Raum und Flächen
- der Arbeitsplatz
  Bedarf in Bezug auf die Arbeitsumgebung
- die technische Infrastruktur
  Bedarf an Energie und Medienversorgung
- die Reinigung
  Bedarf nach Hygiene und Sauberkeit
- Sonstige Flächen und Infrastruktur
  besondere oder individuelle Anforderungen

Die Aufstellung verdeutlicht sehr schön, dass eine wesentliche Anforderung an das FM die Bereitstellung einer geeigneten Arbeitsumgebung ist. Im Sinne einer Definition der Begriffe Flächenbereitstellung bzw. Kaltmiete ist diese Aufstellung jedoch zu weit gefasst.

Die GEFMA 100-1 nennt bei den „Facility Hauptprozessen" „Arbeitsstätten bereitstellen" als einen Hauptprozess. Die Teilprozesse, die diesem Hauptprozess in GEFMA 100-2 (GEFMA 100-2 2004) zugeordnet werden, sind „Flächenmanagement durchführen", „Umzugsdienstleistungen erbringen" und „Ausstattungen & Einrichtungen ergänzen". Alle Aktivitäten, die der Herstellung der Flächen dienen, sind entsprechend der Unterteilung der GEFMA 100-1 in verschiedene Lebenszyklusphasen nicht diesem Hauptprozess in der Lebenszyklusphase „Betrieb und Nutzung", sondern den Phasen „Konzeption", „Planung", „Errichtung", „Vermarktung" und „Beschaffung" zugeordnet. Daher ist, trotz der begrifflichen Ähnlichkeit, mit dem Produkt „Flächenbereitstellung" im Rahmen dieser Arbeit nicht der GEFMA Hauptprozess „Arbeitsstätten bereitstellen" in Verbindung zu bringen.

Da der allgemeine Sprachgebrauch, wie in 4.1.3 dargestellt, keine zufriedenstellende Definition der Begriffe Flächenbereitstellung bzw. Kaltmiete bietet und auch die gängigen Normen und Richtlinien entweder die Bereitstellung nicht als Produkt sehen (DIN 32736) oder das Thema zu weit gefasst (DIN EN 15221-1) bzw. zu eingeschränkt (GEFMA 100-1) betrachten, wird eine Ableitung aus dem Mietrecht überprüft.

Der Begriff „Kaltmiete" ist auch in den Verordnungen zum Mietrecht nicht definiert und findet auch unter keinem anderen Synonym Verwendung. Die Beschreibung und Zuordnung der verschiedenen Anteile der Miete ist jedoch sehr genau gegeben. In

Abbildung 16 sind die verwendeten Begriffe und die Herkunft dieser Begriffe dargestellt.

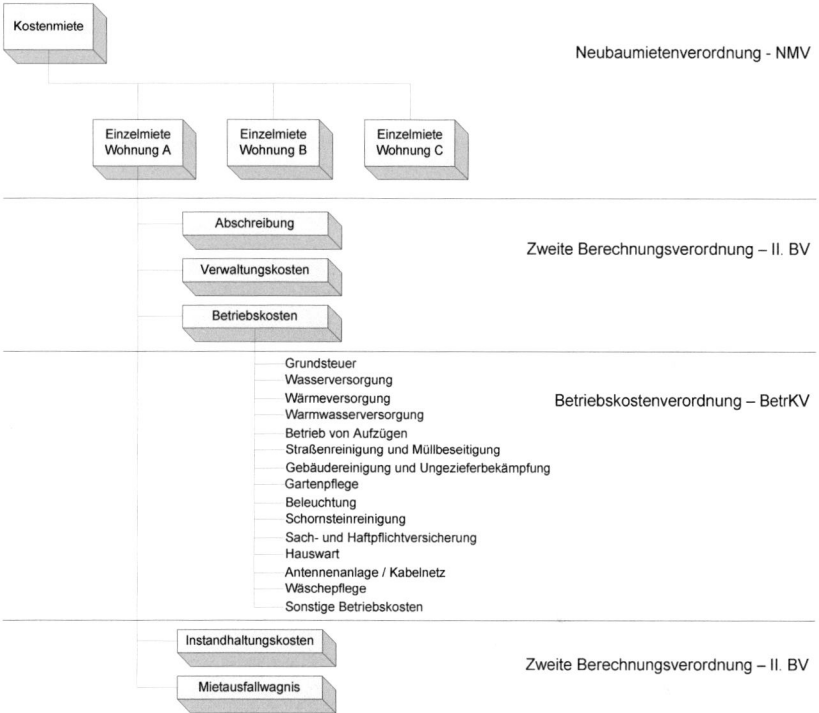

Abbildung 16: Übersicht über Begriffe zum Thema Miete aus dem Mietrecht

Die Neubaumietenverordnung dient der Ermittlung der zulässigen Miete für öffentlich geförderte Wohnungen und definiert in §3 Absatz 1 die Kostenmiete wie folgt: „Die Kostenmiete umfasst als zulässige Miete für öffentlich geförderte Wohnungen die Einzelmiete sowie Umlagen, Zuschläge und Vergütungen" (NMV 1970). Die Einzelmiete wird dann aus der Kostenmiete unter Berücksichtigung von „insbesondere Lage, Ausstattung und Zuschnitt" für die jeweilige Wohnung berechnet. Diese Einzelmiete untergliedert sich nach der II. Berechnungsverordnung (II. BV 1957) in Abschreibung, Verwaltungskosten, Betriebskosten, Instandhaltungskosten und Mietausfallwagnis. Welche Kosten zu den Betriebskosten gehören, wird in § 1 Absatz 1 der Betriebskostenverordnung (BetrKV 2003) definiert: „Betriebskosten sind die Kosten, die dem Eigentümer

47

oder Erbbauberechtigten durch das Eigentum oder Erbbaurecht am Grundstück oder durch den bestimmungsmäßigen Gebrauch des Gebäudes, der Nebengebäude, Anlagen, Einrichtungen und des Grundstücks laufend entstehen."

Da der Schwerpunkt bei der Definition der Produkte auf der Beeinflussbarkeit durch den Kunden liegt, werden die Grundsteuer sowie die Sach- und Haftpflichtversicherung der Bereitstellung der Fläche zugeordnet. Der Begriff „Kaltmiete", wie er in dieser Arbeit verwendet wird, kann somit über die Zusammenfassung der enthaltenen Leistungen definiert werden.

Definition: Kaltmiete

Die Kaltmiete ergibt sich aus den Kosten, die für die Bereitstellung von Flächen entstehen und nicht durch den Kunden beeinflusst werden können bzw. keine Bedeutung in Bezug auf Transparenz für den Kunden haben. Hierzu gehören die Abschreibung, die Verwaltungskosten, die Grundsteuer, Sach- und Haftpflichtversicherung sowie das Mietausfallwagnis.

Im Rahmen dieses Verrechnungssystems wird die Fläche als voll ausgestattet betrachtet. Das heißt alle Aufwände, die mit der Errichtung und Ausstattung des Gebäudes verbunden sind, sind in dem Produkt enthalten. Dies umfasst auch die Erstausstattung mit Möbeln und medizintechnischen Geräten.

Verrechnungsgröße ist natürlich der Quadratmeter genutzte Fläche. Um jedoch die Akzeptanz durch den Kunden zu steigern, sollen nur die Flächen für die Verrechnung herangezogen werden, die eindeutig der direkten Unterstützung des Primärprozesses zuzuordnen sind. Weiter sollte das Produkt nach qualitativen Gesichtspunkten weiter untergliedert werden. Für beides wird in dieser Arbeit die DIN 277-2 (DIN 277-2 2005) herangezogen. Die Untergliederung nach qualitativen Gesichtspunkten wird im Rahmen der Beschreibung des Verrechnungssystems unter dem Punkt 5.2.4 „Abschätzung der Flächenkosten nach Nutzungsart"" ab Seite 75 noch genau beschrieben. Zur Sicherung der Akzeptanz durch den Kunden sollten Flächen, auf deren Gestaltung und Nutzung nur mittelbaren Einfluss hat nicht zur Verrechnung herangezogen werden. Nach DIN 277-2 bieten sich dafür die Nutzflächen (NF) an. Somit werden technische Funktionsflächen (TF) und Verkehrsflächen (VF) nicht für die Verrechnung herangezogen. Um auch Diskussionen über Müllsammel- und Putzräume sowie Toiletten zu vermeiden, sollten auch die Nutzflächen, die unter Nummer 7 der DIN 277-2 auf Seite 6 und 7 genannt werden, nicht zur Verrechnung herangezogen werden.

Für die Verrechnung der „Flächenbereitstellung / Kaltmiete" werden die Nutzflächen 1-7 (NF 1-7) nach DIN 277-2 (DIN 277-2 2005) verwendet

4.1.4.2 Instandhaltung (IH) Gebäude

Die Instandhaltung als Begriff ist in DIN 31051 (DIN 31051 2003) definiert. Das Produkt „Instandhaltung Gebäude" beinhaltet somit die Inspektion, Wartung, Instandsetzung und Verbesserung des Gebäudes. Der allgemeine Begriff „Gebäude" wird in der DIN 276 „Kosten im Hochbau" (DIN 276 1993) unter dem Begriff „Bauwerk – Baukonstruktionen" auf Seite 5 sehr präzise definiert und dazu Einzelheiten benannt. So rechnet die DIN 276 zur Erstellung der Baukonstruktion die „Kosten von Bauleistungen und Lieferungen zur Herstellung des Bauwerks, jedoch ohne die technischen Anlagen (Kostengruppe 400). Dazu gehören auch die mit dem Bauwerk fest verbundenen Einbauten, die der besonderen Zweckbestimmung dienen, sowie übergreifende Maßnahmen in Zusammenhang mit den Baukonstruktionen. Bei Umbauten und Modernisierungen zählen hierzu auch die Kosten von Teilabbruch-, Sanierungs- und Demontagearbeiten."

Eine Abgrenzung ist lediglich im Hinblick auf eine verursachergerechte Zuordnung der Leistungen notwendig. Werden die Leistungen erbracht, um den Bedarf eines Kunden zu befriedigen und dienen nicht dem Allgemeinwohl bzw. dem Erhalt des Gebäudes als Ganzes, handelt es sich im Sinne dieses Produktkataloges um eine technische Serviceleistung. So muss die Ausbesserung einer Wand, die durch Unachtsamkeit beim Umgang mit Betten oder Transportwagen entstanden ist, durch die betroffene Abteilung selbst getragen werden.

4.1.4.3 Reinigung

Das Produkt „Reinigung" wird in vielen Fällen wesentlich detaillierter aufgeschlüsselt, als es für dieses Produktmodell vorgeschlagen wird. Die GEFMA 100-2 (GEFMA 100-2 2004) untergliedert in Unterhaltsreinigung, Glas- und Fassadenreinigung sowie Sonderreinigungen. Die DIN 32736 (DIN 32736-1 2000) separiert noch mal explizit die Glasreinigung von der Fassadenreinigung und nimmt zusätzlich das Reinigen der Außenanlagen mit hinzu. Während die Unterhaltsreinigung und Sonderreinigungen gut einem Verursacher zugeordnet werden können, ist dies bei allen anderen Teilgebieten nur schwer möglich. Für das Verrechnungssystem wird daher vorgeschlagen, alle Reinigungsleistungen zusammenzufassen und über die Fläche, differenziert nach der Nutzungsart, zu verrechnen.

Unabhängig davon können natürlich Reinigungsleistungen in der Praxis mengenmäßig verursachergerecht erfasst werden. Da der Aufwand für die Erfassung der Leistungen jedoch enorm ist und das Einsparpotential nur schwer abgeschätzt werden kann, sollte eine entsprechende Überführung des Produkts in die mengenmäßige Verrechnung sorgsam vorbereitet und analysiert werden.

4.1.4.4 Instandhaltung (IH) technische Anlagen

Die Instandhaltung der technischen Anlagen kann analog zur Instandhaltung des Gebäudes betrachtet werden. Auch hier fallen Aktivitäten, die durch den Kunden angefordert werden – und nicht dem Allgemeinwohl bzw. dem Erhalt der Substanz dienen – unter die technischen Serviceleistungen. So sind zum Beispiel Tätigkeiten der Instandhaltung an küchentechnischen Anlagen durch die Abteilung zu tragen, durch die die Küche genutzt wird.

4.1.4.5 Betreiben

Beim Betreiben handelt es sich um die Dienstleistungen, die für den kontinuierlichen Betrieb des Gebäudes notwendig sind. Zu diesen Leistungen gehört das Bedienen, Stellen, Regeln, Überwachen und Prüfen. Unter den Begriff „Betreiben" fällt im Sinne dieses Verrechnungssystems jedoch nicht die Instandhaltung. Aufgaben, die auf Wunsch des Kunden durchgeführt werden und rein zum Nutzen des Kunden erbracht werden, sind unter dem Produkt „Technische Serviceleistungen" zusammengefasst. Leistungen, die direkt einem Kunden zugeordnet werden können, fallen somit nicht unter das Produkt „Betreiben".

4.1.4.6 Schädlingsbekämpfung

Die GEFMA 100-2 (GEFMA 100-2 2004) nennt die Schädlingsbekämpfung als Teilprozess des Hauptprozesses „Objekte reinigen & pflegen". Die DIN 32736 (DIN 32736 2000) nennt das „Sicherstellen der Objektsauberkeit" als zu den Hausmeisterdiensten zugehörige Leistung, schließt jedoch anschließend in DIN 32736-1 (DIN 32736-1 2000) die Ungezieferbekämpfung, wie sie in der II. Berechnungsverordnung

(II. BV 1957) unter diesem Punkt mit geführt wird, wieder aus. Die DIN 18960 (DIN 18960 1999) geht nicht explizit auf die Schädlingsbekämpfung ein.

Das Produkt „Schädlingsbekämpfung" könnte somit theoretisch den Hausmeisterdiensten oder der Reinigung zugeordnet werden. Hausmeisterdienste sind in diesem Produktmodell jedoch auf verschiedene Produkte aufgeteilt. Da es sich aus hygienischer Sicht um ein wichtiges Produkt handelt, sollte es jedoch im Krankenhaus als eigenständiges Produkt behandelt werden.

4.1.4.7 Schutz- & Sicherheitsdienste

Die GEFMA Richtlinie 100 (GEFMA 100-2 2004) definiert die Leistungen, die dem Produkt „Schutz- & Sicherheitsdienste" zuzuordnen sind, sehr ausführlich. Auch auf die Grenzfälle wird bereits hingewiesen. So wird im Rahmen dieses Produktmodells das benannte Produkt ohne die Leistungen, die der DV-Sicherheit zuzuordnen sind, verstanden. Ein weiterer Grenzfall ist die Notrufzentrale und die Abgrenzung zu den Leistungen des technischen Services, der auch Meldungen entgegennimmt und verfolgt. Nennenswert ist, dass im Gegensatz zu den DIN Normen (DIN 18960 1999) (DIN 32736-1 2000) das Produkt in diesem Fall auch die Leistungen der Arbeitssicherheit und des Umweltschutzes beinhaltet.

4.1.4.8 Außenanlagen

Das Produkt „Außenanlagen" beinhaltet neben den klassischen Tätigkeiten der Gartenpflege auch die bauliche Instandhaltung der Außenanlagen. Hierzu gehören auch die Straßen und Bürgersteige sowie die nicht allseits umschlossenen Flächen nach DIN 277, die sich im Bereich der Außenanlagen befinden wie z.B. Terrassen. Weiter sind die Tätigkeiten zur Verkehrssicherung und der Winterdienst unter diesem Produkt zusammengefasst.

4.1.4.9 Abfallentsorgung

Das Produkt „Abfallentsorgung" enthält die Entsorgung aller im Krankenhaus anfallenden Abfälle nach dem Kreislaufwirtschafts- u. Abfallgesetz. Zur Entsorgung gehören:

- die Abholung von einem Sammelpunkt auf der Etage, der Station oder der organisatorischen Einheit.
- die Zwischenlagerung bis zur Abholung und ggf. eine Vorbehandlung

- die fachgerechte Entsorgung durch ein Entsorgungsunternehmen.

Eine Differenzierung der Kosten nach Abfallarten ist nicht vorgesehen, da eine verursacherbezogene Erfassung der Mengen und abfallartenbezogene Ermittlung der Kosten mit erheblichem Aufwand verbunden ist. Dem steht kein entsprechender Effekt gegenüber.

Als Verrechnungsgröße stehen das Gewicht oder das Volumen zur Verfügung. Beide Größen haben Vorteile und werden in der Praxis verwendet (vgl. (Müller 2002)). Aufgrund der einfacheren dynamischen Erfassbarkeit wird der Größe „Gewicht" in diesem Modell der Vorzug gegeben.

4.1.4.10 Bettenversorgung

Das Produkt „Bettenversorgung" umfasst sämtliche Aktivitäten, die der Versorgung von Stationen und anderen Kunden mit aufbereiteten und funktionsfähigen Betten dienen. Hierzu gehören neben der Aufbereitung selbst auch die Aktivitäten der Instandhaltung an Betten sowie die Logistik, die mit der Bettenversorgung verbunden ist.

Verrechnungsgröße für die Bettenversorgung ist das gelieferte aufbereitete Bett. Maßnahmen zur Aufbereitung während der Nutzung des Bettes durch einen Patienten sind in diesem Modell nicht im Produkt enthalten.

4.1.4.11 DV-Dienste

Die DIN EN 15221 (DIN EN 15221 2005) nennt unter dem Auftraggeberbedarf „Informations- und Kommunikationsbedarf" auch die Zentrale Datenverarbeitung, Computeranschlüsse und Computeranschlussumzüge, Datenverarbeitung und IT-Sicherheit und Schutz kritischer Infrastrukturen. Gleichzeitig sind in dieser Norm auch Dokumenten- und Belegverarbeitung, Faxanschlüsse und Faxanschlussumzüge, mobile Anschlüsse und Umzüge und Telefonanschlüsse und Telefonanschlussumzüge unter dem Begriff „Informations- und Kommunikationsbedarf" zusammengefasst. Die DIN 32736 (DIN 32736 2000) nennt die Leistung „DV-Dienste", an die die Produktdefinition in diesem Modell angelehnt ist. Sie enthält die „Gesamtheit der Leistungen zum Aufbau, zur Inbetriebnahme und zur Aufrechterhaltung der elektronischen Datenerfassung, der Datenaufbereitung sowie des elektronischen Datenaustausches für die Unterstützung der Geschäftsprozesse".

Als für den Kunden beeinflussbare und einfach ermittelbare Verrechnungsgröße wird für dieses Modell der genutzte Personalcomputer (PC) vorgeschlagen. Computersysteme und Software, als Bestandteil eines medizintechnischen Geräts, sind dabei nicht enthalten. Diese erfordern zwar auch eine entsprechende Infrastruktur, jedoch erfolgt die Wartung und systemtechnische Betreuung durch die Medizintechnik oder einen gesondert beauftragten Dienstleister. Eine weitere Differenzierung der Verrechnungsgröße PC nach z.b. Leistungskennwerten, Netzwerkanbindung oder installierter Software ist denkbar und möglich, führt jedoch nach praktischen Erkenntnissen nicht zu einem entsprechenden Mehrwert (Sibbel 2006).

4.1.4.12 Fuhrpark

Das Produkt „Fuhrpark" enthält alle Leistungen, die für die Bereitstellung von Fahrzeugen erbracht werden müssen. Die Normen DIN 18960 (DIN 18960 1999) und DIN 32736 (DIN 32736 2000) erwähnen entsprechend ihrer Gebäudeorientierung diese Leistungen nicht. Sowohl in GEFMA 100-2 (GEFMA 100-2 2004) als auch in DIN EN 15221 (DIN EN 15221 2005) ist der Fuhrpark den Transportdiensten bzw. der Logistik zugeordnet. Im Rahmen der Bedarfsorientierung wird das Bereitstellen von Fahrzeugen in diesem Modell bewusst als marktfähiges Produkt genannt, da der Kunde nicht nur mittelbarer (Transportdienste) sonder auch direkter Abnehmer dieses Produkts sein kann.

Als Verrechnungsgröße sind analog zu einer Autovermietung zeit- und kilometerabhängige Kennwerte für die Verrechnung verwendbar. Im Rahmen der Kostendatenerhebung wurden die Kosten je Fahrzeug und Jahr ermittelt. Auf dieser Basis kann zumindest ein zeitabhängiger Kennwert direkt errechnet werden. Eine Deckung der Fixkosten über einen zeitabhängigen Kennwert und der variablen Kosten über eine Kilometerpauschale bietet maximale Transparenz. Der hierzu betreibende Verwaltungsaufwand muss jedoch einem entsprechenden Nutzen gegenüberstehen.

4.1.4.13 Hygieneberatung

Der Inhalt des Produktes „Hygieneberatung" ist in der Richtlinie des Robert Koch Institutes (RKI) beschrieben. Dabei handelt es sich in erster Linie um ein Produkt der Qualitätssicherung. Aufgrund des hohen Stellenwerts der Hygiene im Krankenhaus und zur Sicherung der Unabhängigkeit wird im Rahmen dieses Modells dennoch die Vermarktung als separates Produkt des FM vorgesehen. Häufigkeit und Umfang der Kontrollen werden vom Krankenhaushygieniker in Abstimmung mit der Hygienekommission gemäß Anlage 5.6 der RKI-Richtlinie (Robert Koch Institut 1993) festgelegt.

Obwohl sich Art und Umfang der Kontrollen unterscheiden, wird im Rahmen dieses Modells vorgesehen, lediglich die Anzahl der Untersuchungen als Verrechnungsgröße heranzuziehen. Dies ist auch sinnvoll, da es sich bei dem Produkt um ein durch den Kunden nur bedingt in der Menge beeinflussbares Produkt handelt.

4.1.4.14 Instandhaltung (IH) Medizintechnik

Das Produkt „Instandhaltung Medizintechnik" dient der einwandfreien Bereitstellung, der im Krankenhaus benötigten medizintechnischen Geräte. Der zugehörige Prozess kommt bei allen technischen Geräten zur Anwendung, die unter das Medizinproduktegesetz (MPG) fallen.

Das Produkt beinhaltet in diesem Fall alle Aktivitäten der Instandhaltung nach DIN 31051 (DIN 31051 2003). Bei Bedarf kann analog zur Instandhaltung technischer Anlagen und Gebäude auch hier eine Zuordnung der durch den Kunden verursachten Instandsetzungen zu den technischen Serviceleistungen erfolgen. Der Vorteil in diesem Fall ist, dass somit der Regelkreis für den sorgsamen Umgang mit den Ressourcen der Medizintechnik geschlossen wird. Gehört zu der medizintechnischen Anlage oder dem medizintechnischen Gerät ein Computer, so sind entsprechend dem Produkt „DV-Dienste" die Kosten für die Betreuung eines PC dem Produkt „Instandhaltung Medizintechnik" mit zuzuordnen. Dadurch soll die Beanspruchung des DV-Netzes mit berücksichtigt werden. Die Betreuung der Hard- und Software, die direkt dem medizintechnischen Gerät oder der Anlage zugeordnet werden kann (z.B. Softwareupdates), ist dem Produkt „Instandhaltung Medizintechnik" zuzuordnen.

Die Instandhaltung medizintechnischer Einrichtungen ist stark abhängig von der Komplexität der jeweiligen Einrichtung. Um diese Komplexität zu berücksichtigen bieten sich verschiedene Werte an. In Betracht gezogen wurden Anschaffungswert, Wiederbeschaffungswert, Zeitwert und Buchwert.

Dem Gabler Wirtschaftslexikon (Gabler 2000) sind zu den Begriffen die folgenden Definitionen zu entnehmen. Der Anschaffungswert entspricht der „Summe der zum Erwerb eines Vermögensgegenstandes erforderlichen bzw. aufgewendeten Anschaffungskosten." S. 138. Der Wiederbeschaffungswert ist der „Anschaffungswert ... zum Zeitpunkt seiner Wiederbeschaffung." S. 3497. Der Zeitwert „ergibt sich aus dem Neuwert der Sache durch einen Abzug entsprechend ihrem insbesondere durch den Abnutzungsgrad bestimmten Zustand." S.3580. Der Buchwert ergibt sich aus den „Anschaffungskosten bzw. Herstellungskosten, korrigiert um Abschreibungen und Zuschreibungen entsprechend den handels- und steuerrechtlichen Bewertungsvorschriften." S. 563.

Der Zeitwert kann mit dem Buchwert übereinstimmen, „wenn die Korrekturen (z.b. Abschreibungen) der tatsächlichen Wertentwicklung (z.B. durch Verschleiß) entsprechen." (Gabler 2000), S. 653. Beide Werte spiegeln also theoretisch (Buchwert) oder praktisch (Zeitwert) den aktuellen Wert des Anlagegutes wider. Da sich die Aufwendung für die Instandhaltung eher umgekehrt proportional zur Entwicklung des Zeit oder Buchwertes verhalten, scheint diese Größe ungeeignet für die Verrechnung. Leicht zu ermitteln ist der Anschaffungswert, da dieser den Daten des Rechungswesens zu entnehmen ist und es sich dabei um einen historischen – also konstanten Wert handelt. Für die Instandhaltung von Anlagegütern ist es jedoch von Interesse die Aufwendungen einem Wert gegenüberzustellen, der als Alternative zur Instandsetzung in Frage kommt. Dies ist die Wiederbeschaffung. Der Wiederbeschaffungswert hat jedoch den Nachteil, dass er nur schwer zu ermitteln ist. Als Verrechnungsgröße für Instandhaltungskosten der Medizintechnik, die nicht direkt einem medizintechnischen Gerät zugeordnet werden können, wurde daher im Verrechnungssystem der Wiederbeschaffungswert vorgesehen.

Auch die Versorgung mit medizinischen Gasen ist Bestandteil dieses Produkts. Da sich für die Versorgung mit medizinischen Gasen auch die jeweiligen Verbrauchsmengen als Verrechnungsgröße anbieten, ist es theoretisch denkbar, diesen Bestandteil in ein separates Produkt zu überführen. Da in den meisten Krankenhäusern die Kosten für die Versorgung mit medizinischen Gasen jedoch nicht getrennt erfasst werden, wurde dieses Produkt nicht separat betrachtet.

4.1.4.15 Kälteversorgung

Das Produkt „Kälteversorgung" beinhaltet sämtliche Leistungen, die mit der Produktion, Umwandlung, Verteilung und Verrechnung von Kälte verbunden sind. Die Kälteversorgung ist in den Normen – wie alle energetischen Produkte – nicht genau abgegrenzt. In der Praxis wird das Produkt oftmals nicht mengenmäßig erfasst. Bei der Kälte handelt es sich um eine hochwertige Energieform, die in der Herstellung mit hohen Kosten verbunden ist. Da sie nicht in allen Bereichen des Krankenhauses in gleichem

Umfang verwendet wird, ist es sinnvoll, Kosten- und Leistungswerte zu erfassen und einer verursachergerechten Verrechnung zuzuführen.

Die Verrechnungsgröße ist die Kilowattstunde (kWh).

4.1.4.16 Rundfunk und Fernsehen

Das Produkt „Rundfunk und Fernsehen" ist eins der wenigen, das auch direkt an den Patienten als Kunden vermarktbar ist. Zumeist mit dem Nutzungsentgelt für das Telefon gekoppelt, wird dieses Produkt bereits heute in vielen Krankenhäusern angeboten und im Sinne eines echten Kunden-Lieferanten-Verhältnisses verrechnet. Das Produkt enthält alle Kosten für die Beschaffung, Montage, Instandhaltung und den Betrieb von Rundfunk und Fernsehgeräten. Darin enthalten sind auch die zugehörigen Gebühren. Nicht enthalten ist der Stromverbrauch, da dieser bereits in der Verrechnung des Produkts „Stromversorgung" separat erfasst ist oder erfasst werden kann.

Als Verrechnungsgröße sollte analog zu den Rundfunkgebühren das Fernsehgerät verwendet werden. Damit wird der Erfassungsaufwand reduziert, da die Erfassung vieler kleiner mobiler Radiogeräte mit hohem Aufwand verbunden ist.

4.1.4.17 Speisenversorgung

Die Speisenversorgung ist ein weiterer patientennaher Prozess. Im Gegensatz zum Produkt „Rundfunk und Fernsehen" werden hier jedoch die Kosten nicht auf den Patienten umgelegt. Die Speisenversorgung umfasst bei Anwendung des Modells in vollem Umfang alle Kosten, die mit der Herstellung, Verteilung und Ausgabe der Speisen sowie dem Rücktransport und der Reinigung des Geschirrs verbunden sind. In den Normen wird die Speisenversorgung unterschiedlich intensiv behandelt. DIN 18960 (DIN 18960 1999) zählt die Speisenversorgung nicht zu den Nutzungskosten im Hochbau. DIN EN 15221 (DIN EN 15221 2005) nennt zwar den Bewirtungsbedarf und zählt dazu auch Verpflegungsdienste und Automatenverkauf, geht aber nicht auf weitere Details ein. DIN 32736-1 (DIN 32736-1 2000) nennt explizit die Verpflegungsdienste und zählt dazu das Beschaffen und Zubereiten von Nahrungsmitteln für Haupt- und Zwischenverpflegung; das Ausstatten und Unterhalten von Restaurants/ Kantinen oder Pausenräumen. Weitaus umfassender ist die Definition in GEFMA 100-2 (GEFMA 100-2 2004), die diesem Modell am nächsten kommt. Hier werden als zugehörige Tätigkeiten genannt:

- Beschaffung und Zwischenlagerung von Lebensmitteln und Halbfertigprodukten
- Vor- und Zubereitung von Speisen
- Speisenausgabe mit verschiedensten Ausgabesystemen
- Betrieb von Kiosk oder Verkaufsstelle
- Automatenversorgung
- Bewirtung bei Veranstaltungen
- Etagenservices

In der Speisenversorgung im Krankenhaus ist es wichtig, dass alle logistischen Anteile – wie zum Beispiel der Transport – in das Produkt integriert werden. Damit ist gewährleistet, dass sowohl die Kosten vollständig dem Produkt zugeordnet werden, aber auch, dass die Verantwortung für die Qualität der Speisenversorgung eindeutig einer verantwortlichen Organisationseinheit zugeordnet ist. Dabei ist es nicht notwendig, dass die logistischen Anteile durch Personal der Küche erbracht werden, sondern nur, dass die Küche Auftraggeber an die interne oder externe Organisationsabteilung für logistische Dienstleistungen ist.

Als Verrechnungsgröße kommt ein Verköstigungstag, ein geliefertes Essen oder eine weitere Differenzierung in Frühstück, Mittag- und Abendessen in Frage. Das Modell sieht das gelieferte Essen als Verrechnungsgröße vor und reduziert somit den Erfassungsaufwand. Es bietet aber eine höhere Genauigkeit als der Verköstigungstag, der Unschärfen am Tag der Aufnahme bzw. Entlassung des Patienten mit sich bringt.

4.1.4.18 Sterilgutversorgung

Inhalt des Produkts „Sterilgutversorgung" ist die Aufbereitung und Bereitstellung von z.B. hygienisch einwandfreiem Besteck für Operationen. Als krankenhausspezifisches Produkt ist dieses in den berücksichtigten Normen und Richtlinien nicht enthalten. Der Prozess der Sterilgutversorgung wird jedoch explizit in DIN 58953 (DIN 58953 1987) beschrieben. Das Produkt versteht sich inklusive aller logistischen Anteile und Maßnahmen der Qualitätssicherung.

Als Verrechnungsgröße hat sich für die Sterilgutversorgung die Sterilguteinheit (STE) etabliert. Eine Sterilguteinheit besteht aus mehreren Grundsieben (DIN 58953 1987) und ist in DIN EN 285 (DIN EN 285 2006) unter dem Begriff „Sterilisiereinheit" als ein „Quader mit den Maßen 300 mm (Höhe) × 300 mm (Länge) × 600 mm (Breite)" definiert.

4.1.4.19 Stromversorgung

In GEFMA 100-2 (GEFMA 100-2 2004) ist die Stromversorgung Bestandteil des Prozesses „Objekte versorgen" und wird nicht als eigenständiges Produkt genannt. DIN EN 15221 (DIN EN 15221 2005) nennt weder einen Bedarf an Strom, noch sonstiger Medien. Auch DIN 32736 (DIN 32736 2000) nennt nur den Oberbegriff „Versorgen" und beschreibt die Versorgung mit Energie in DIN 32736-1 (DIN 32736-1 2000) sehr detailliert in „Versorgen (Teilleistung Strom für Beleuchtung)" und „Versorgen (Teilleistung Strom für andere Anwendungen)". DIN 18960 nennt unter dem Oberbegriff „Ver- und Entsorgung" verschiedene technische Anlagen und „Sonstiges" als Bereiche, die mit Storm versorgt werden. Im Sinne einer Nutzerorientierung sind die genannten Definitionen nicht verwendbar. Im Rahmen des Produktmodells wird daher die Stromversorgung als die Lieferung elektrischer Energie zum Endverbraucher definiert. Die Lieferung enthält alle Aktivitäten, die mit der Beschaffung, Verteilung und Verrechnung verbunden sind. Dies umfasst auch die Instandhaltung der elektrischen Anlagen und somit z.B. alle vorgeschriebenen Prüfungen an ortsfesten und ortsveränderlichen elektrischen Anlagen und Betriebsmitteln, wie sie in der BGV A3 (BGV A3 2005) vorgeschrieben sind. Nicht enthalten ist lediglich die Bereitstellung bzw. Herstellung der technischen Infrastruktur, da diese bereits im Produkt „Flächenbereitstellung" enthalten ist.

Die Verrechnungsgröße ist die Kilowattstunde (kWh). Auf eine weitere Differenzierung in verschiedene Tarife bzw. Bereitstellungs- und Leistungsanteile, wie zwischen Energieversorgungsunternehmen (EVU) und Großkunden üblich, wurde im Innenverhältnis zwischen Endabnehmer und FM verzichtet.

4.1.4.20 Telefondienste

Wie schon die DV-Dienste, so sind auch die Telefondienste in DIN 32736-1 (DIN 32736-1 2000) gut beschrieben. Zu der „Gesamtheit der Leistungen, welche die Kommunikation von zentraler Stelle organisieren" zählt die Norm das

- Betreiben einer Telefonzentrale/eines Vermittlungsdienstes;
- Erstellen, Fortschreiben, Pflegen eines (internen) Telefonbuches;
- Erfassen von Gebühren (z. B. für Privatgespräche);
- Call Center.

Das beschriebene Produkt „Telefondienste" umfasst in diesem Modell alle Gebühren und die Bereitstellung eines Endgerätes. Auch die Koordination mit dem Telekommunikationsunternehmen sowie das zugehörige Vertragsmanagement sind enthalten. Nicht enthalten ist die installierte technische Infrastruktur, die in der Bereitstellung der Fläche enthalten ist.

Für die Verrechnung kommen mehrere Varianten in Frage. Technisch ohne Probleme – und auch ohne übermäßigen Aufwand machbar – ist eine Abrechnung je Anschluss, entsprechend eines Einzelverbindungsnachweises. Auch die Bereitstellung der Endgeräte kann in diesem Fall in einem Mietmodell entsprechend der Geräteart berücksichtigt werden. Die Preisentwicklungen und auch die zugehörigen Tarifstrukturen legen jedoch die Verrechnung nach dem Flatrate Prinzip nahe. In dem Modell wird die Verrechnung über den genutzten Telefonanschluß vorgeschlagen und somit dem Flatrate Prinzip der Vorzug gegeben. Es wird erwartet, dass die Akzeptanz durch den Kunden ausreichend ist und sich dadurch unnötiger Aufwand vermeiden lässt.

4.1.4.21 Transportdienste

Das Produkt „Transportdienste" bedarf genauer Abgrenzung, da es in Bezug auf die Nutzung durch den Kunden einen anderen Umfang hat, als dieser in den Normen beschrieben wird. „Waren- und Logistikdienste", wie sie z.B. in DIN 32736 (DIN 32736 2000) beschrieben sind, sind im Produkt „Post- und Logistikdienste" (siehe 4.1.4.27) enthalten und umfassen die Leistungen, die mit dem Transport von Gegenständen im Sinne einer Spedition verbunden sind. Bei den Transportdiensten, die durch den Kunden in Anspruch genommen werden, handelt es sich in diesem Modell um die Patiententransporte zwischen z.B. Station und Diagnosezentrum. Eine organisatorische Zusammenfassung der logistischen Produkte „Transportdienste" und „Post- und Logistikdienste" ist sinnvoll. Da jedoch der begleitete Transport von Patienten im Krankenhaus eine wichtige Unterstützung des Kernprozesses ist, wird diese durch ein entsprechendes Produkt repräsentiert.

Die zugehörige Verrechnungsgröße ist der Transport eines Patienten unabhängig von Start, Ziel, Entfernung oder Qualität des Transports.

4.1.4.22 Wärmeversorgung

Die Wärmeversorgung ist, analog zur Stromversorgung, in den untersuchten Normen und Richtlinien nicht abgegrenzt beschrieben. Im Rahmen des Produktmodells wird daher die Wärmeversorgung als die Lieferung von Wärme zum Endverbraucher definiert. Die Lieferung beinhaltet alle Aktivitäten, die mit der Beschaffung, Umwandlung, Verteilung und Verrechnung verbunden sind. Dazu gehören auch die Instandhaltung der Anlagen zur Wärmeversorgung und die Versorgung dieser Anlagen mit Energie.

Die Verrechnungsgröße ist die Kilowattstunde (kWh). Die Erfassung der Produktmengen bzw. anteilige Verteilung kann über Wärmemengenzähler und/oder über Heizkostenverteiler erfolgen.

4.1.4.23 Wäscheversorgung

Die GEFMA 100-2 (GEFMA 100-2 2004) benennt als Tätigkeiten, die zum Prozess „Wäschereidienste erbringen" gezählt werden:
- Wäsche sammeln
- Wäsche waschen, bügeln, falten
- Wäsche verteilen

Die weiteren berücksichtigen Normen gehen nur am Rande oder gar nicht auf die Wäscheversorgung ein. Im Rahmen des Produktmodells sind neben den bereits in GEFMA 100-2 genannten logistischen Anteilen auch die Aufwände für Miete bzw. Beschaffung der Wäsche sowie Flächen der Wäscherei und zugehörige zentrale oder dezentrale Lagerflächen enthalten.

Verrechnungsgröße ist das Trockengewicht der Wäsche in Tonnen bzw. Kilogramm. Eine weitere Differenzierung nach Art der Wäschestücke ist möglich, jedoch im Rahmen Verrechnungssystems nicht vorgesehen, um den Erhebungsaufwand gering zu halten.

4.1.4.24 Wasserversorgung

Analog zu den bereits genannten Produkten der Versorgung mit Energie ist auch die Wasserversorgung zu sehen. Das Produkt umfasst alle Leistungen, die mit der Bereitstellung, Lieferung, Qualitätsprüfung und Entsorgung von Wasser verbunden sind. Das Produktmodell sieht dabei zunächst keine Differenzierung in Brauchwasser, Trinkwasser und Trinkwarmwasser vor. Da die verursachergerechte Erfassung der jeweiligen Mengen nicht Stand der Technik im Krankenhaus ist, wird hiervon zunächst abgesehen. Es ist jedoch sinnvoll, diese Trennung bei Vorhandensein der notwendigen technischen Infrastruktur vorzunehmen und separat zu verrechnen.

Die Verrechnungsgröße ist das Wasservolumen in Kubikmeter oder Liter.

4.1.4.25 Büromaterial

Der Einkauf, die Lagerung und die Lieferung von Büromaterial sind in den untersuchten Normen und Richtlinien nicht als Leistungen des FM vorgesehen. Bei der gebäudeorientierten DIN 18960 (DIN 18960 1999) ist das nicht weiter verwunderlich. GEFMA 100-2 (GEFMA 100-2 2004) und DIN 32736-1 (DIN 32736-1 2000) nennen jeweils Prozesse, die Teilleistungen enthalten. GEFMA spricht von „Beschaffungen durchführen" und DIN 32736-1 nennt das „Beschaffungsmanagement". In beiden Fällen sind die klassischen Aufgaben des Einkaufs genannt. Der Prozess der Beschaffung ist jedoch nur eine Teilleistung des für den Kunden nachvollziehbaren Produkts der Versorgung mit Büromaterial. Lediglich die DIN EN 15221 (DIN EN 15221 2005) nennt unter dem Punkt „Bedarf in Bezug auf den Arbeitsplatz (die Arbeitsplätze)" Bürobedarf. Nicht enthalten ist hier jedoch Umfang und Inhalt dieser Leistungen. Im Rahmen des Produktmodells sind in dem Produkt „Büromaterial" alle Leistungen enthalten, die mit der Beschaffung, Lagerung und Lieferung zum Kunden verbunden sind. Dabei fungiert der FM-Dienstleister als Zwischenhändler, der die zugehörigen Produkte am Markt einkauft und an den Kunden weiterverkauft. Dabei muss der Preis, den der Endkunde zahlt, alle Kosten, die mit Aufwänden in der Verwaltung und Logistik verbunden sind, decken.

Die Versorgung mit Büromaterial zählt zu den Produkten, die nur auf konkrete Anfrage des Kunden geliefert werden. Während bei den zuvor genannten Produkten eine kontinuierliche Versorgung auf Basis eines Rahmenvertrages denkbar ist, wird Büromaterial, und auch die weiteren folgenden Produkte, nur auf Anfrage des Kunden geliefert bzw. erbracht. Es existiert somit keine einheitliche Verrechnungsgröße, sondern es wird entsprechend den Anforderungen des Kunden ein Angebot erstellt. Der Kunde muss diese Leistungen beauftragen. Dabei können Produkte unterschieden werden, die häufig vom Kunden angefordert werden und folglich zum Standardsortiment des FM-Dienstleisters gehören und Produkte, die vom Dienstleister zunächst kalkuliert und dann separat angeboten werden müssen.

4.1.4.26 Dokumentendienste

Das Produkt „Dokumentendienste" wird in der GEFMA Richtlinie als Teilleistung des Prozesses „Büroservices erbringen" präzise beschrieben. Die DIN 32736 (DIN 32736 2000) nennt „Kopier- und Druckereidienste" und zählt dazu die „Gesamtheit der Leistungen, welche die Bereitschaft drucktechnischer Maschinen sicherstellen und die Herstellung drucktechnischer Erzeugnisse ermöglichen wie:

- Ausstatten, Versorgen, Entsorgen und Reinigen von Kopierstellen und Druckereien;
- Funktionsprüfungen drucktechnischer Maschinen;
- Ermitteln und Zuordnen der Kopier- und Druckkosten;
- Druck- und Kopierarbeiten".

Die GEFMA 100-2 (GEFMA 100-2 2004) geht noch weiter und nennt unter dem Begriff „Dokumentendienste":

- Dokumente erstellen (Schreib- / Scandienste)
- Dokumente vervielfältigen (Kopier- / Druckereidienste)
- Dokumente verteilen und verwalten
- Dokumente archivieren
- Dokumenten- (Akten-) Entsorgung nach Ende der Aufbewahrungsfristen initiieren

Im Krankenhaus sind zu diesen Leistungen auch das Management der Patientenakten und Röntgenbilder zu zählen. Da es sich hierbei weitgehend um standardisierbare Leistungen handelt, können standardisierte Angebote erstellt werden, die vom Kunden nach Bedarf beauftragt bzw. abgerufen werden können.

4.1.4.27 Post & Logistikdienste

Die DIN 32736 (DIN 32736 2000) nennt zwei Bereiche, die im Produktmodell unter dem Begriff „Post & Logistikdienste" zusammengefasst werden: die „Waren- und Logistikdienste", die mit dem Versand und dem Empfangen von Waren von und zu Externen verbunden sind und die „Internen Postdienste", zu denen die Zustellung und Verteilung innerhalb der Gebäude zählen. Die GEFMA 100-2 (GEFMA 100-2 2004) bezeichnet den Dienst umfassender: „Postdienste, Warenannahme und -ausgabe durchführen". In diesem Sinne sind auch die Leistungen in diesem Produktmodell zu verstehen. Zusätzlich sind den „Post & Logistikdiensten" auch alle internen Transporte von

Waren und Gütern zugeordnet. So ist z.B. das Produkt „Post & Logistikdienste" auch Teilleistung der Speisen- und Wäscheversorgung.

Auch die Post & Logistikdienste sind weitestgehend standardisierbar bzw. durch externe Logistikunternehmen bereits standardisiert. So lässt sich eine Angebotsliste erstellen, mit deren Hilfe der Kunde nach Bedarf auswählen und beauftragen kann.

4.1.4.28 Technische Serviceleistungen

Die GEFMA 100-2 (GEFMA 100-2 2004) spricht von „Handwerksdienste erbringen" und schlägt vor, nachfolgend nach Handwerksberufen weiter zu untergliedern. Verglichen wird diese Leistung mit den in DIN 32736 (DIN 32736 2000) genannten „Hausmeisterdiensten". Diese beziehen sich jedoch vorwiegend auf Leistungen aus dem Bereich der Instandhaltung des Gebäudes bzw. der technischen Anlagen. DIN 18960 (DIN 18960 1999) nennt unter Nummer 440 die Nutzungskostengruppe „Instandsetzung der Ausstattung". Es wird deutlich, dass die Abgrenzung zwischen Gewerken, Objekten und Aufgaben der Instandhaltung in Bezug auf technische Serviceleistungen nur schwer möglich ist. Die technischen Serviceleistungen, wie sie im Rahmen dieses Produktmodells zusammengefasst sind, zeichnen sich durch eine Besonderheit aus. Alle Leistungen, die explizit in Form eines Arbeitsauftrages bzw. einer Meldung durch den Kunden angefordert werden, sind den technischen Serviceleistungen zugeordnet. So ist die Montage von Möbeln oder die Reparatur einer Tür den technischen Serviceleistungen zuzuordnen. Gewerkegrenzen werden dabei bewusst nicht gezogen. Eine Zusammenfassung dieser Leistungen ist aus Sicht der Kundenfreundlichkeit und im Sinne einer einheitlichen Koordination und Abwicklung dieser Aufträge besonders sinnvoll. Auf diese Weise können Wegezeiten minimiert werden und der Kunde wird weniger in seinem Kerngeschäft gestört. Die Kundenzufriedenheit ist in hohem Maße von der Qualität dieser Leistungen abhängig, da der Bedarf im Normalfall spontan entsteht. Wird die Dienstleistung dann unprofessionell – das heißt auch schlecht koordiniert – erbracht, hat dies einen direkten nachhaltigen negativen Einfluss auf die Kundenzufriedenheit. Da die Kunden-Lieferanten-Beziehung in diesem Fall besonders intensiv ist und der Bedarf durch den Kunden direkt nachvollziehbar und steuerbar ist, sollte in diesem Fall auch eine auftragsbezogene Verrechnung der Leistungen durchgeführt werden. Die Abrechnung kann im einfachsten Fall über Stundennachweise erfolgen. Untersuchungen im Rahmen von OPIK (Lennerts; Abel; Pfründer, und Sharma 2003) haben jedoch gezeigt, dass über eine Liste von 27 Standardaufträgen 86% der Leistungen abgebildet werden können. Die Liste der Standardaufträge ist in „Anlage 2: Liste von Standardaufträgen" wiedergegeben. Es spricht daher vieles dafür, auch für dieses Produkt eine standardisierte Angebotsliste zu erstellen, über die der Kunde bei Bedarf beauftragen kann und entsprechend über fixe Preise nach Erbringung der Dienstleistung belastet wird.

4.1.4.29 Umzugsdienstleistungen

Die Umzugsdienstleistungen, wie sie auch im Produktmodell verstanden werden, sind sowohl in DIN 32736 als auch in GEFMA 100-2 gut beschrieben. Die DIN 32736 (DIN 32736 2000) schreibt zu den „Umzugsdiensten"

„Gesamtheit der Leistungen zur Durchführung von Umzügen:
- Ermittlung der erforderlichen Transport- und Installationsleistungen;
- Festlegung sowie Koordination der Umzugs- und Installationstermine;
- gegebenenfalls Auslagerung von Einrichtungsgegenständen sowie Schaffung von Provisorien und Übergangslösungen;
- Demontage, Transport, Aufbau und Inbetriebnahme der Büroeinrichtungen und informationstechnischen Geräte;
- Abnahme der Transport- und Installationsleistungen."

Die GEFMA 100-2 (GEFMA 100-2 2004) nennt unter dem Punkt „Umzugsdienstleistungen erbringen:
- Umzüge planen, steuern, überwachen
- Umzüge durchführen
- Umzüge nachbearbeiten und auswerten"

Für Umzüge ist jeweils ein Angebot entsprechend des Bedarfs des Kunden zu erstellen und vom Kunden zu beauftragen. Standards sind in diesem Bereich nur sehr beschränkt definierbar.

5 Verrechnungssystem für FM Produkte

Die entwickelten Produkte und die dazugehörigen Verrechnungsgrößen sollen im Tagesgeschäft genutzt werden, um FM-Leistungen verursachergerecht zuzuordnen. In diesem Kapitel wird, basierend auf dem Produktmodell und unter Berücksichtigung der gegebenen Rahmenbedingungen, ein Verrechnungssystem entwickelt, das in der Lage ist, bei minimalem Aufwand die Verrechnung optimal zu unterstützen. Hierzu wurde zunächst die aktuelle Praxis der Verrechnung untersucht. Nachfolgend werden die notwendigen Grundlagen dargestellt. Abschließend wird die Anwendung beschrieben und werden die voraussichtlichen Auswirkungen der Anwendung beschrieben.

5.1 Analyse der Verrechnungsgrundlagen in der Praxis

Basis für die Verrechnung von Kosten ist zunächst die Zuordnung zu Kostenarten. Da die Vorgaben für die Kostenartenrechnung durch die KHBV eine allgemeingültige Grundlage für alle Krankenhäuser in Deutschland bildet, wurde zunächst überprüft, in welcher Form eine Anpassung der Kostenartenrechnung an ein produktorientiertes Verrechnungssystem möglich ist.

5.1.1 Analyse der Kontenstruktur

Für die Analyse der Kontenstruktur und die Entwicklung eines Standard Kontenkatalogs wurden die Konten von 13 deutschen Krankenhäusern untersucht. Dabei sind die folgenden Kontengruppen gemäß KHBV berücksichtigt worden:

- Kontengruppe 65 Lebensmittel
- Kontengruppe 67 Wasser, Energie, Brennstoffe
- Kontengruppe 68 Wirtschaftsbedarf
- Kontengruppe 69 Verwaltungsbedarf
- Kontengruppe 72 Instandhaltung
- Kontengruppe 73 Steuern, Abgaben, Versicherungen

Die Konten wurden hinsichtlich ihrer Anzahl innerhalb einer Kontengruppe und die auf die Konten anfallenden Kosten untersucht. Die Verteilung der Kontenanzahl ist exemplarisch für die „Kontengruppe 67 Wasser, Energie, Brennstoffe" in Abbildung 17 dargestellt. Wie aus der Abbildung ersichtlich ist, variiert die Anzahl der Konten sehr stark. Dies gilt in gleicher Weise für die anderen Kontengruppen, die in „Anlage 3: Struktur der Konten" aufgeführt sind.

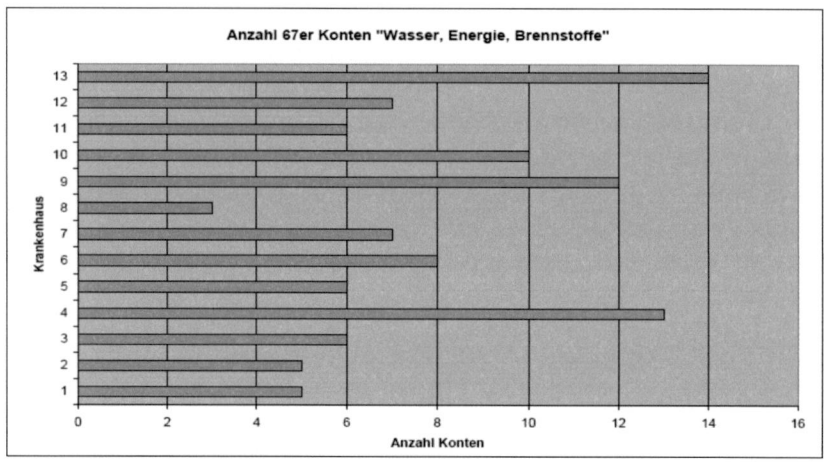

Abbildung 17:   Verteilung der Kontenanzahl Kontengruppe 67

Die Vermutung, dass ein Zusammenhang zwischen der Anzahl an Konten und der Größe des Krankenhauses besteht, wurde darauf folgend untersucht. Als Kennwert für die Größe eines Hauses wurde in diesem Fall die Bettenanzahl herangezogen. Die Anzahl der Konten ist in Abbildung 18 über der Anzahl der Planbetten aufgetragen.

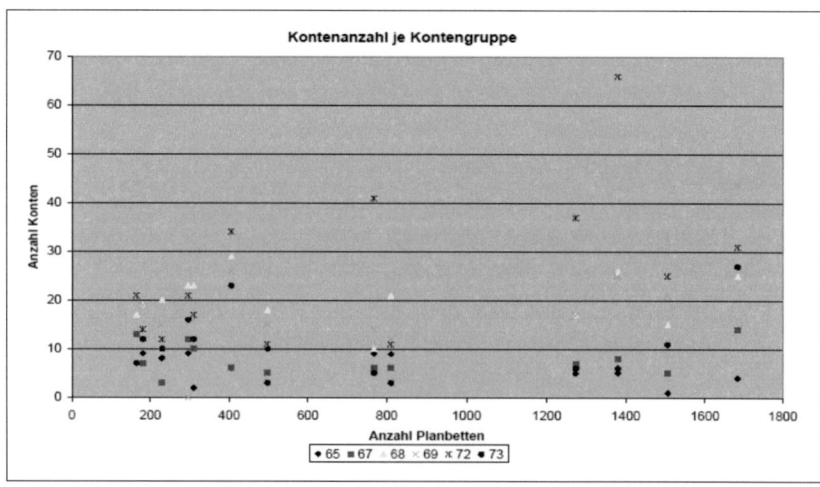

Abbildung 18:   Anzahl Konten über Anzahl Planbetten

66

Es wird deutlich, dass kein direkter Zusammenhang zwischen der Größe eines Krankenhauses und der Anzahl an Konten zu erkennen ist. In der Kontengruppe 65 (Lebensmittel) ist sogar ein umgekehrtes Verhältnis erkennbar. Dies bedeutet, dass in diesem Fall die Anzahl der Konten geringer ist, je größer das Krankenhaus ist.

Eine Bestätigung der These, dass die Größe des Krankenhauses – repräsentiert durch die Anzahl der Betten – nicht bestimmend für die Anzahl der Konten ist, wurde über die Betrachtung der Kosten, die im Durchschnitt einem Konto zugeordnet werden, erbracht. Ein Zusammenhang zwischen Größe und Anzahl würde bedeuten, dass die Summe je Konto innerhalb der Gruppen konstant sein muss. Für den Nachweis wurde die mittlere Summe in Euro für jede Kontengruppe und jedes Größencluster gebildet. Das Ergebnis dieser Analyse ist in Abbildung 19 dargestellt.

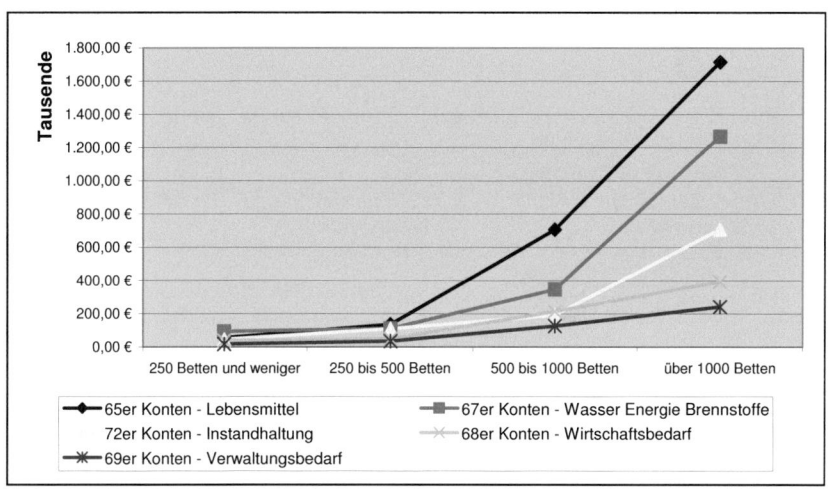

Abbildung 19:   Mittlere Kosten je Kontengruppe und Jahr

Es wird deutlich, dass die mittlere Summe je Konto mit zunehmender Größe stark steigt. Damit ist bestätigt, dass kein Zusammenhang zwischen den zu verbuchenden Kostenvolumina und der Anzahl der Konten besteht.

5.1.2 Standard Kontenkatalog

Basierend auf dieser Erkenntnis kann davon ausgegangen werden, dass eine gemeinsame Struktur der Kontenpläne, die für alle Krankenhäuser anwendbar ist, gebildet werden kann.

67

Hierzu wurde ein Abgleich aller Kontenpläne der beteiligten Häuser durchgeführt und ein Kontenplan nach dem Prinzip des kleinsten gemeinsamen Nenners entwickelt. Aus jeder Kontengruppe wurden die Konten herausgefiltert, die in allen Häusern vorhanden sind. Die verschiedenen Bezeichnungen wurden angeglichen und abschließend wurde die Struktur und Anzahl überprüft. Wichtige Randbedingung für die Struktur war eine produktorientierte Sichtweise, die für die nachfolgende Verknüpfung von Kosten und Produkten von Bedeutung war. Das Ergebnis dieses Vorgehens ist in „Anlage 4: Standard Kontenkatalog" beigefügt.

Die Codierung des Kontenkatalogs erfolgte, wie die gesamte Entwicklung, in Abstimmung mit den Vorgaben durch die KHBV und ist in Abbildung 20 dargestellt.

1	2	3	4	5	6
Vorgegeben durch KHBV			**Produkt Nummer**		**Fortlaufende Nummer** innerhalb Konto und Produkt
1. Kontenklasse (Aufwendungen) 2. Gliederungsstufe 1 z.B. Lebensmittel 3. Gliederungsstufe 2 nur teilweise z.B. Material bei IH Pflegesatzfähig ja/nein			4. und 5. Produktnummer aus Katalog 01 bis 29		6. zur weiteren Differenzierung

Abbildung 20: Codierung des Standardkontenkatalogs

Die KHBV legt die ersten drei Stellen des Codes fest. Die erste Stelle bestimmt die Kontenklasse. Für die betrachteten Konten sind dies die Klassen 7 und 8, die beide mit dem Begriff „Aufwendungen" bezeichnet werden. Die zweite Stelle bildet die erste Gliederungsstufe. Hier wird beispielsweise nach Aufwendungen für „Lebensmittel", „Wasser, Energie, Brennstoffe" oder „Verwaltungsbedarf" unterschieden. Eine dritte Stelle wird nur teilweise durch die Verordnung vorgegeben. Je nach Konto erfolgt hier in einigen Fällen eine weitere Differenzierung z.B. nach Materialkosten und bezogenen Leistungen. In Ausnahmefällen ist eine vierte Stelle vorgegeben. Die Vorgabe dieser vierten Stelle ist für die betrachteten Kontenbereiche nicht nachvollziehbar begründet bzw. kann die vorgegebene Struktur problemlos mit den bereits genannten drei Stellen abgebildet werden. Ausschlaggebend für die Nichtverwendung der vierten Stelle war jedoch, dass bei der Untersuchung der betrachteten Kontenbereiche festgestellt wurde, dass die Vorgabe in den Kontenplänen der beteiligten Krankenhäuser in den meisten

Fällen nicht berücksichtigt wird. So wird bei der Instandhaltung (Kontengruppe 72) in der KHBV unterschieden in:

- 7201   Instandhaltung Medizintechnik
- 7202   Instandhaltung Sonstiges

An diese Vorgabe, die Instandhaltung der Medizintechnik durch eine 1 an der vierten Stelle zu kennzeichnen, haben sich 9 der 13 untersuchten Häuser nicht gehalten.

Weitere drei Stellen wurden den drei vorgegebenen nachgestellt. Die Gesamtzahl der Stellen wurde begrenzt, da in einigen Krankenhäusern die Anzahl der Zeichen auf sechs begrenzt ist. Zwei der drei Stellen wurden für die Abbildung des Produktkatalogs vorgesehen, der nachfolgend entwickelt wurde. Es wurde davon ausgegangen, dass die Produktanzahl deutlich unter 100 liegt. Die letzte Stelle dient als fortlaufende Nummer. Damit die maximale Anzahl von zehn, die durch diese eine Ziffer darstellbar ist, ausreicht, wurde definiert, dass die Nummer innerhalb der Kontengruppe und weiter innerhalb des jeweiligen Produkts fortlaufend ist.

5.2 Das Verrechnungssystem und zugehörige Grundlagen

5.2.1 ABC-Analyse der FM-Kosten (Abel und Lennerts 2005)

Um den Stellenwert der einzelnen Produkte kostenseitig zu ermitteln, wurde eine ABC-Analyse der Kosten im FM durchgeführt. Hierzu wurden die Kosten für die einzelnen Produkte – bezogen auf die Fläche – betrachtet. Somit wurde eine Normierung der Kosten für die einzelnen Produkte über die Fläche als Indikator für die Größe des Krankenhauses durchgeführt. Die Kosten für die einzelnen Produkte wurden über die 13 untersuchten Häuser aufsummiert. Anschließend wurde der prozentuale Anteil an den gesamten FM-Kosten für jedes Produkt berechnet. Das Ergebnis der ABC-Analyse ist in Abbildung 21 dargestellt. Das Diagramm verfügt über zwei Skalen. Die linke Skala reicht von 0% bis 50% und gilt für die Balken im Diagramm. Die Balken zeigen die Einzelwerte für die Produkte. Die rechte Skala reicht von 0% bis 100% und gilt für die Kurve. Die Kurve entspricht den kumulierten Einzelwerten.

Verrechnungssystem für FM Produkte

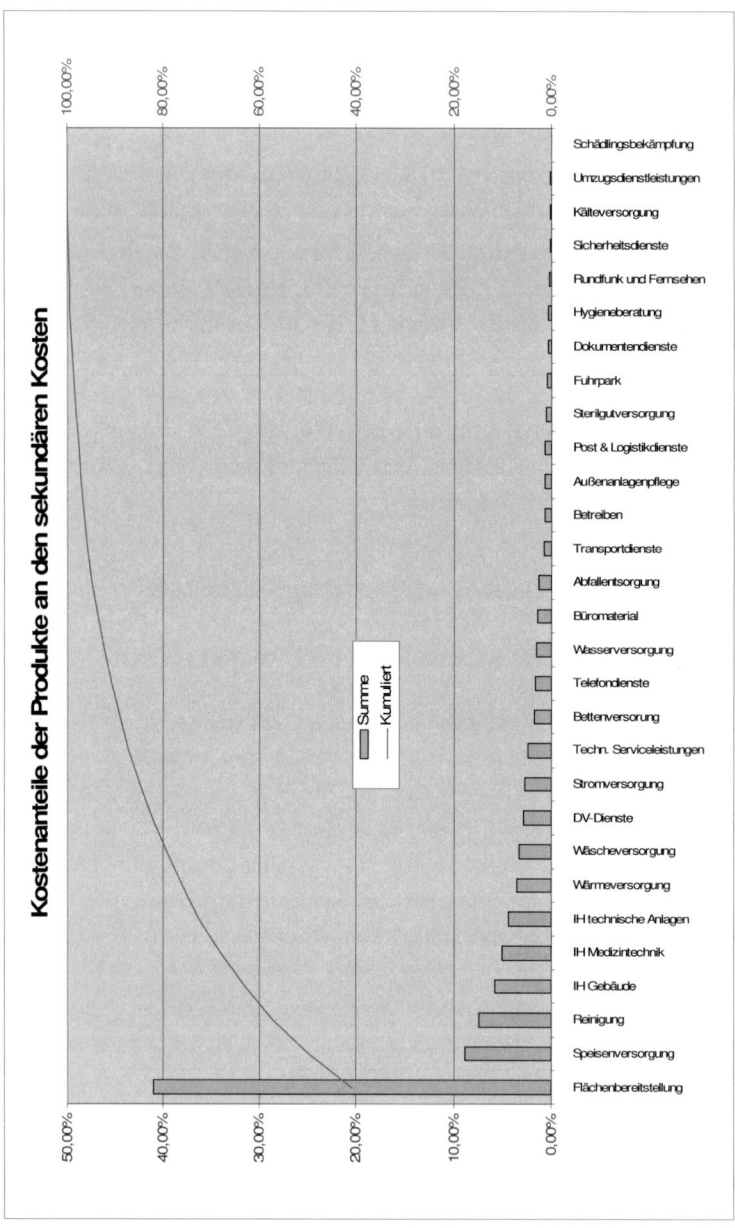

Abbildung 21:   ABC-Analyse der FM-Kosten

70

Die ABC-Anlayse verdeutlicht, dass ein großer Teil der Produkte im FM nur in geringem Umfang zu den Gesamtkosten im FM beitragen. Den größten Anteil hat die „Kaltmiete". Annähernd 41% (40,76%) der FM-Kosten können dem Produkt „Flächenbereitstellung" zugeordnet werden. Weitere wesentliche Anteile haben die Speisenversorgung (8,62%), die Reinigung (7,49%) und die Instandhaltung (IH Gebäude 6,33%; IH Medizintechnik 5,07%; IH techn. Anlagen 4,48%). Werden außerdem die Wärmeversorgung (3,45%) und die Wäscheversorgung (3,14%) mit berücksichtigt, ist mit einem kumulierten Wert von 79,35% annähernd die Marke von 80% erreicht. Die ABC-Analyse kann als Hilfestellung genutzt werden, um über die Einführung von mengenbezogenen Verrechnungen zu entscheiden. Zusätzlich sollte dabei berücksichtigt werden, wie groß das Einsparpotential durch ein verändertes Kundenverhalten ist und ob die Leistungen direkt einer DRG zugeordnet werden können. So werden eventuell nicht unerhebliche Einsparpotentiale im Bereich der Medienversorgung mit vertretbarem Aufwand durch eine verursachergerechte Kostenzuordnung erzielt. Die Sterilgutversorgung kann z.B. direkt einer OP und somit einer DRG zugeordnet werden.

Die Realität zeigt, dass Informationen über die Flächen und vor allem die zugehörigen Kunden nur in wenigen Häusern verfügbar sind. Demzufolge ist die Verrechnung der „Kaltmiete" mit einem erheblichen Erfassungsaufwand verbunden. Es ist dabei von Vorteil, dass unter den acht Produkten, die annähernd 80% der FM-Kosten entsprechen, vier Produkte sind, die über die Fläche als Bezugsgröße verrechnet werden sollten. Unter Berücksichtigung aller Produkte, die gemäß Abschnitt 4.1.3 der Fläche zugeordnet sind, können über diese Produkte 60,6% der FM-Kosten verrechnet werden.

5.2.2 Aufstellung Prozessmatrix

Das Forschungsprojekt „Optimierung und Analyse von Prozessen in Krankenhäusern" (OPIK) hat im Rahmen seiner Aktivitäten verschiedene Prozesse aus dem Bereich des Facility Management im Krankenhaus untersucht. Dabei liegt der Schwerpunkt der Untersuchungen nicht auf der Betrachtung der Prozesse aus der Sicht des Erbringers der Dienstleistungen. „Die Zielsetzung des Forschungsprojekts OPIK ist es, die Geschäftsprozesse mit dem Fokus auf die Wechselwirkungen zwischen den primären (medizinischen) und den sekundären (Facility Management) Geschäftsprozessen zu analysieren." (Lennerts et al. 2003) Aus diesem Grund hat OPIK eine Matrix aufgestellt, die als erste Dimension den Ort der Dienstleistungserbringung hat, und die als zweite Dimension die Art der FM-Dienstleistung aufzeigt.

Grundlage für diese Betrachtung ist das wenig ausgeprägte Kunden-Lieferanten-Verhältnis des FM im Krankenhaus. Die medizinische Abteilung als Empfänger der FM-Leistungen kann im Allgemeinen mit einem räumlich abgegrenzten Bereich gleichgesetzt werden. Dieser über die Fläche definierte räumliche Bereich bezieht, wie in Abbildung 14 auf Seite 41 dargestellt, Leistungen aus dem FM. Diese Leistungen werden von verschiedenen Bereichen des FM erbracht. Durch die Zuordnung von Produkten zu Leistungsbereichen im FM und die Definition von räumlichen Bereichen im Krankenhaus als Leistungsempfänger entsteht ein einfaches Kunden-Lieferanten-Verhältnis zwischen Leistungserbringern im FM und Leistungsempfängern im Primärbereich des Krankenhauses. Für das Projekt OPIK wurde diese Matrix auch für die Auswahl der zu untersuchenden Prozesse genutzt. Die Matrix aus OPIK mit den zugehörigen untersuchten Prozessen ist in Abbildung 22 dargestellt.

Die einzelnen Bereiche im FM können wiederum durch Kostenstellen abgebildet werden. Den Kostenstellen muss im Sinne einer produktorientierten Verrechnung die Verantwortung über einen Prozess – und somit ein Produkt – zugeordnet werden (vgl. (Braun 1999), S. 138). Die Kostenstelle bietet das Produkt anderen Kostenstellen an und bezieht notwendige Produkte zur Herstellung des eigenen Produkts von anderen Kostenstellen.

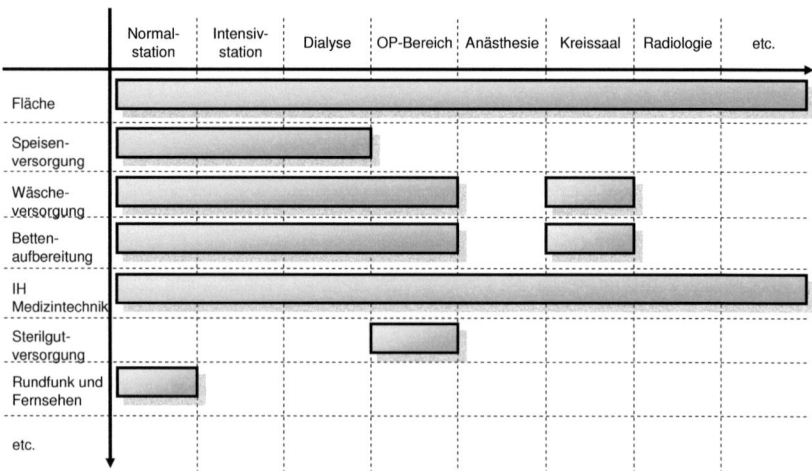

Abbildung 22:   Prozessmatrix zum Kunden-Lieferanten-Verhältnis (Lennerts; Abel, und Pfründer 2004a)

72

5.2.3 Definition von Bezugsgrößen

Auf dem Gebiet der Kostenrechnung wird in diesem Zusammenhang vom Kostentreiber (Kaplan und Cooper 1999) oder Kostenveranlasser (Müller 1996) gesprochen. Kaplan et al. (Kaplan und Cooper 1999) differenzieren die Kostentreiber weiter in drei Kategorien. Sie unterscheiden Transaktions-, Zeit- und Intensitätstreiber. Allen Treibern ist jedoch gemein, dass sie der Zuordnung von Aktivitäten oder Leistungen auf übergeordnete Prozesse oder Kostenstellen und letztendlich zu einem am Markt platzierbaren Produkt dienen. Um das System in seinem ersten Entwurf übersichtlich und handhabbar zu halten, wurde die Differenzierung nach Kaplan et al. nur ansatzweise berücksichtigt. Die Möglichkeit der sukzessiven Einführung weiter differenzierter Kostentreiber wurde jedoch bei der Entwicklung mit berücksichtigt. Die nachfolgend entwickelten Bezugsgrößen als Kostentreiber sind in diesem Sinne als reine Transaktionstreiber zu verstehen, die lediglich auf der Anzahl der bezogenen Produkte bzw. Leistungen basieren. Im Gegensatz dazu berücksichtigen Zeittreiber zusätzlich den eventuell unterschiedlichen Zeitaufwand, der innerhalb eines Produkts auftreten kann. Intensitätstreiber beziehen darüber hinaus unterschiedliche Qualitäten der Ressourcen oder unterschiedliche Qualifikationen der Leistungserbringer mit ein.

Die Definition der Bezugsgrößen basiert auf der Grundidee, dass alle Aktivitäten einem Produkt zugeordnet werden können und dieses Produkt einen Abnehmer hat. Der Abnehmer kann den Empfang des Produkts bestätigen und die Bezugsmenge wird für den Kunden nachvollziehbar ermittelt. Die Bezugsgröße ist also eine Mengengröße, die nur zur Verrechnung zwischen Leistungserbringer und Leistungsempfänger verwendet wird. Bei der Entwicklung des Systems wurden qualitative Aspekte der Produkte – mit Ausnahme der Fläche – nicht berücksichtigt. Weitere Differenzierungen nach qualitativen Gesichtspunkten sind bei Bedarf jederzeit möglich. So können z.B. die DV-Dienste über die Leistungsfähigkeit eines PCs weiter differenziert werden. Die sicherlich sinnvolle Unterscheidung innerhalb der Produkte nach qualitativen Gesichtspunkten machen das System und damit seine Einführung jedoch kompliziert. Eine Ausnahme wurde lediglich, wie bereits erwähnt, für das Produkt „Flächenbereitstellung" gemacht. Weitere Differenzierungen innerhalb anderer Produkte sind auch nach Einführung des Systems möglich. Die Übersicht über die gewählten Bezugsgrößen ist in Tabelle 2 dargestellt.

Produkte	Bezugsgrößen
• Abfallentsorgung	• Entsorgte Tonne Abfall
• Außenanlagenpflege	• Genutzte Fläche nach Nutzungsart
• Betreiben	• Genutzte Fläche nach Nutzungsart
• Bettenversorgung	• Aufbereitetes Bett
• DV-Dienste	• Betreuter PC
• Flächenbereitstellung	• Genutzte Fläche nach Nutzungsart
• Fuhrpark	• Genutztes Fahrzeug
• Hygieneberatung	• Hygieneuntersuchung
• IH Gebäude	• Genutzte Fläche nach Nutzungsart
• IH Medizintechnik	• WB Medizintechnik
• IH technische Anlagen	• Genutzte Fläche nach Nutzungsart
• Kälteversorgung	• Verbrauchte kWh Kälte
• Reinigung	• Genutzte Fläche nach Nutzungsart
• Rundfunk und Fernsehen	• Aufgestelltes TV-Gerät
• Schädlingsbekämpfung	• Genutzte Fläche nach Nutzungsart
• Schutz- & Sicherheitsdienste	• Genutzte Fläche nach Nutzungsart
• Speisenversorgung	• Geliefertes Essen
• Sterilgutversorgung	• Gelieferte Sterilguteinheit
• Stromversorgung	• Verbrauchte kWh Strom
• Telefondienste	• Genutzter Telefonanschluß
• Transportdienste	• Durchgeführter Patiententransport
• Wärmeversorgung	• Verbrauchte kWh Wärme
• Wäscheversorgung	• Gelieferte Wäsche
• Wasserversorgung	• Verbrauchte m^3

Tabelle 2: Produkte und zugehörige Bezugsgrößen

Zur Sicherung der Nachvollziehbarkeit muss darauf geachtet werden, dass die Bezugsgrößen genau definiert sind. Die präzise Beschreibung der Bezugsgröße erhöht die Akzeptanz der verrechneten Produktmenge beim Kunden. Es gilt zu berücksichtigen, ab welchem Zeitpunkt die Dienstleistung als erfolgreich erbracht gilt. Zu vermeiden ist eine Ermittlung einer geschätzten Bezugsmenge über andere Größenfaktoren, die nicht mit der Leistungserbringung im Zusammenhang stehen. So sollte beispielsweise vermieden werden, die Mitarbeiteranzahl zur Abschätzung der Kosten für die Instandhaltung der Medizintechnik heranzuziehen. Ein Kausalzusammenhang ist in diesem Fall für den Kunden nicht nachvollziehbar, auch wenn die Korrelation zwischen beiden Größen sehr gut (siehe Anlage 6 Übersicht der Bestimmtheitsmaße zur Regression der Produktkosten) ist.

5.2.4 Abschätzung der Flächenkosten nach Nutzungsart

Wie in Abschnitt 5.2.1 erwähnt, können ca. 60% der FM-Kosten der Nutzung von Flächen zugeschrieben werden. Durch notwendige innerbetriebliche Verrechnungen, wird ein Teil dieser Kosten nicht unmittelbar den Primärprozessen zugeordnet, sondern fließt in andere Produktpreise ein. Eine Untersuchung der Flächenzuordnung eines großen Universitätsklinikums hat jedoch gezeigt, dass in dem konkreten Fall 40% der Nutzflächen 1-6 gemäß DIN 277 nicht direkt medizinischen Bereichen zuzuordnen sind.

Selbst unter der Annahme, dass sich der Anteil der über die Flächen den medizinischen Bereichen zugeordneten Kosten durch diese Umlagefaktoren halbiert, bleiben 30% der Kosten, die den Primärprozessen zugeordnet werden, mit der Fläche verknüpft. Es ist davon auszugehen, dass vor allem der größte Kostenblock der Verrechnung genau durch die Kunden untersucht wird. Weiter ist davon auszugehen, dass in diesem Fall die unterschiedlichen Qualitäten von Flächen als erstes in eine Preisargumentation eingebracht werden. So ist es für nicht operative medizinische Bereiche wie z.B. die Neurologie nicht nachvollziehbar, warum die OP Flächen über eine pauschale Flächenumlage mit finanziert werden. Aus diesem Grund wurde für das Produkt „Flächenbereitstellung" eine Differenzierung nach Art der Nutzung vorgenommen. Zur Bestimmung der Nutzungsart wurden die Nutzungsarten nach DIN 277 herangezogen.

Die verschiedenen Nutzungsarten werden sehr detailliert in der DIN 277 abgebildet (DIN 277-2 2005). Da in Krankenhäusern keine an der Nutzungsart orientierte Erfassung der Kosten erfolgt, wurde die Ermittlung eines nutzungsartorientierten Flächenpreises über die Herstellkosten als Ansatz gewählt. Diesem Ansatz liegt die Annahme zugrunde, dass eine starke Korrelation zwischen den Herstellungs- und den Betriebskosten besteht.

Zu den Kostenflächenarten (KFA) muss erwähnt werden, dass diese in der Kalkulation für den Hochbau nicht unumstritten sind. Während das Baukosteninformationszentrum (BKI) die Grobelementmethode für geeigneter erachtet (BKI Baukosteninformationszentrum 2005), werden die Daten zu Kostenflächenarten vielfach durch Architekten verwendet und z.B. bei öffentlichen Bauverwaltungen gepflegt. Über die Verteilung der Herstellkosten nach Kostenflächenarten wurde eine Abweichung vom Mittelwert für jede KFA ermittelt (siehe Abbildung 23).

Verrechnungssystem für FM Produkte

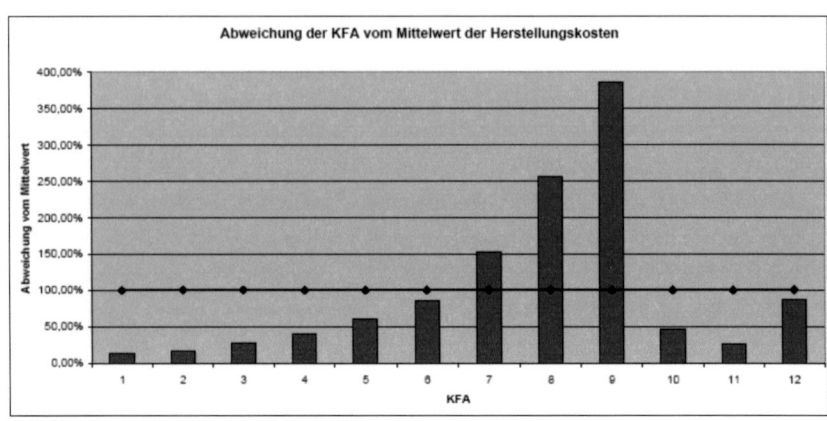

Abbildung 23:   Abweichung der KFA vom Mittelwert

Die Abweichung wurde in eine Punkteverteilung umgesetzt. Dabei entspricht der Punktwert der prozentualen Abweichung vom Mittelwert. Kostet eine Fläche in der Herstellung das 1,53 fache (153 Prozent) der durchschnittlichen Herstellkosten (KFA 7), so wird diese Fläche mit 153 Punkten bewertet.

Kostenflächenart	Punktwert
KFA 1	13,14
KFA 2	16,70
KFA 3	27,02
KFA 4	40,37
KFA 5	60,65
KFA 6	86,13
KFA 7	153,05
KFA 8	256,99
KFA 9	386,76
KFA 10	46,67
KFA 11	25,59
KFA 12	86,94

Tabelle 3:   Punktwert je Kostenflächenart

Da jeder Nutzungsart nach DIN 277 eine KFA zugeordnet werden kann (Gerken; Lange; Thauer, und Weidner-Russell 2000), ist somit jeder Nutzungsart ein Anteil an den Gesamtkosten zuordenbar. Eine Übersicht über die Zuordnung ist in Anlage 7 Zuordnung der Kostenflächenart zur Nutzungsart (NF 1 bis NF 6) gegeben. Für die Höhe dieses Anteils ist die Zusammensetzung der Flächen entscheidend. Die Berechnung erfolgt in einem dreistufigen Verfahren. Zuerst werden die Flächenmengen je KFA mit dem jeweiligen Punktwert multipliziert.

76

Daraus ergibt sich eine Gesamtpunktzahl, die im Prinzip einem indexierten Herstellungswert entspricht. In der zweiten Stufe werden die zu verrechnenden Kosten durch die Anzahl der Punkte dividiert. Das Ergebnis ist ein Punktwert in Euro. Abschließend wird über den Punktwert auf die Kostenflächenart zurückgerechnet. **Dadurch entsteht ein nutzungsartbezogener Quadratmeterpreis.**

Da die Datenlage in den Krankenhäusern nur eine Differenzierung nach den Nutzflächen 1-6 zuließ, wurde für jede Nutzfläche 1-6 ein mittlerer Punktwert ermittelt. Jeder Nutzflächengruppe wurde die jeweils vorwiegend enthaltene KFA zugeordnet. So ergibt sich für NF 6 die KFA 7 als Durchschnitt und wird somit mit 152,3 Punkten bewertet. Für ein durchschnittliches Akutkrankenhaus mit einer typischen Flächenverteilung ist der Rechenweg in Abbildung 24 dargestellt.

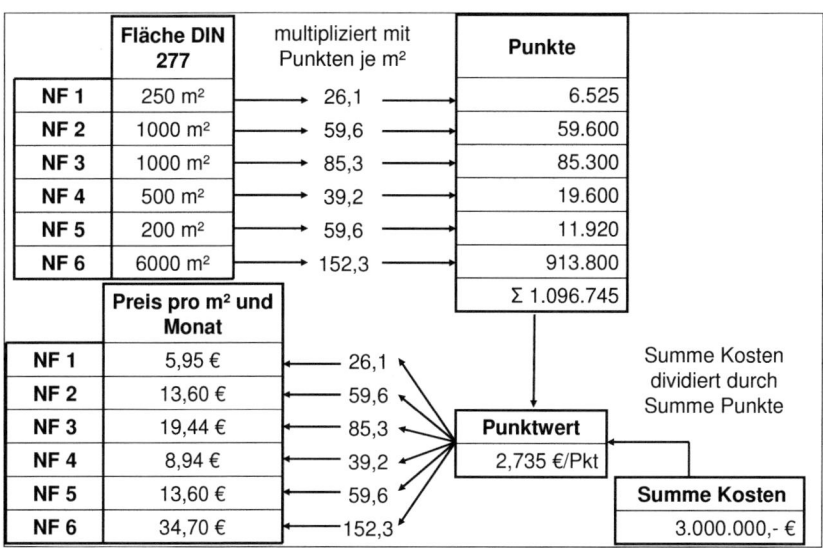

Abbildung 24:   Rechenweg für Kostenverteilung je m²

5.2.5 Darstellung der Verrechnungssystematik

Die Verrechnung erfolgt unabhängig davon, wer Kunde und wer Lieferant ist, immer nach der gleichen Systematik. Der Anbieter von FM-Produkten ermittelt einen Preis und bietet das Produkt innerhalb einer vereinbarten Zeitspanne zu diesem Preis pro Produkteinheit an. Gegebenenfalls müssen Mindestmengen vereinbart oder Preisanpassungen bei Über- oder Unterschreitung von vereinbarten Mengen festgelegt werden. Ob der Kunde dann eine Abteilung des Krankenhauses, der Patient oder ein externes Unternehmen ist, spielt für die Verrechnung in Bezug auf die Systematik keine Rolle.

5.2.5.1 Variante 1 Lieferant ist interne Organisationseinheit

In diesem Fall erfolgt die Abbildung des gesamten Kunden-Lieferanten-Verhältnis über die innerbetriebliche Leistungsverrechnung (IBL). Lieferant kann eine einzelne Kostenstelle oder können mehrere Kostenstellen innerhalb des Krankenhauses sein. Alle Kosten, die aus Aktivitäten des FM entstehen, werden der Kostenstelle bzw. den Kostenstellen zugeordnet, die Leistungserbringer bzw. Lieferant sind. Über die Kostenträgerrechnung werden die Kosten direkt dem Produkt zugeordnet. Die liefernde Kostenstelle ermittelt die gesamten produzierten und gelieferten Produktmengen für einen zwischen Auftraggeber (Geschäftsführung) und Lieferant festgelegten Zeitraum. Je nach Bedürfnis des Auftraggebers und Möglichkeit des Lieferanten werden die Produktmengen den Kunden (leistungsempfangenden Kostenstellen) zugeordnet. Für den festgelegten Zeitraum werden zwischen Auftraggeber und Lieferant die Preise je Produkteinheit festgelegt. Lediglich die Erlöse aus gelieferter Produktmenge – multipliziert mit dem vereinbarten Preis – dienen der Kostendeckung innerhalb der liefernden Kostenstelle. Die liefernde Kostenstelle wird somit zum reinen Profitcenter. Im Rahmen dieser Festlegung sollten auch Mindestabnahmemengen sowie Preisanpassungen bei eventuellen Mehr- oder Minderabnahmen vereinbart werden. Jede Kostenstelle kann immer zugleich Kunde und Lieferant sein. So ist z.B. die Kostenstelle „Speisenversorgung" zugleich Lieferant der Speisen und Kunde in Bezug auf z.B. Flächen, Energie oder Logistik. Die Preise sollten zwischen Auftraggeber (Geschäftsführung) und Lieferant verhandelt werden, da eine Verhandlung zwischen Kunde und Lieferant sehr zur Steigerung der Komplexität des Systems beiträgt.

5.2.5.2 Variante 2 Lieferant ist externer Dienstleister

Genau wie in der zuvor beschriebenen Variante können die Leistungen auch in diesem Fall von einem oder mehreren Dienstleistern erbracht werden. Der bzw. die Dienstleister erhalten einen Auftrag durch den Auftraggeber (Geschäftsführung) und liefern für den vereinbarten Zeitraum die beauftragten Produkte. Auch in diesem Fall sollten Mindestabnahmemengen und Preisanpassungen bei eventuellen Mehr- oder Minderabnahmen vereinbart werden. Vorteil dieser Variante ist, dass sich eine aufwändige IBL erübrigt. Es muss lediglich eine Zuordnung der Produktmengen und der zugehörigen Preise über das Controlling auf die Kostenstellen erfolgen. Die Erfassung bzw. Ermittlung der konsumierten Produktmengen je Kostenstelle sollte im Auftrag an den Lieferanten enthalten sein. Die Preisermittlung seitens des Lieferanten ist für das Krankenhaus als Auftraggeber nicht relevant. Wichtig ist lediglich, dass die Produktpreise die Leistungen – wie in 4.1.4 beschrieben – enthalten.

Theoretisch entspricht diese Variante einem Outsourcing, Miet-, Leasing- oder PPP-Modell. Alle Flächen und zugehörigen Dienstleistungen werden durch einen externen Dienstleister bereitgestellt und geliefert. Das Krankenhaus bezieht ausschließlich die hochwertigen Endprodukte. Der Fixkostenanteil wird seitens der FM-Dienstleistungen minimiert und das Krankenhaus erlangt größtmögliche Flexibilität.

5.2.5.3 Mischformen

Jedwede Art der Mischform der beiden zuvor genannten Varianten ist denkbar und möglich. So ist z.B. vorstellbar, dass die Flächenbereitstellung beim Krankenhaus verbleibt, aber alle anderen Dienstleistungen an externe Dienstleister vergeben werden. Vorteil in diesem Mischfall ist, dass dem Dienstleister oder den Dienstleistern die genutzten Flächen zugeordnet werden können und dadurch die Produktpreise immer vollständig vergleichbar sind. Durch die konsequente Anwendung des Systems auch in Mischformen wird ebenso gewährleistet, dass intern und extern erbrachte Dienstleistungen immer vollständig vergleichbar sind. So sollten z.B. auch Management Leistungen, die intern erbracht werden, auch wenn die operative Leistungserbringung extern erfolgt, über die IBL dem Produkt zugeordnet werden.

5.2.6 Anbindung an das Medizincontrolling

Die direkte Zuordnung von FM-Leistungen zu einem Patienten und damit einer konkreten DRG ist nur in Ausnahmefällen möglich. Wie auf Seiten der Primärleistungen z.B. die Zuordnung eines Implantats zu einem Patienten und somit zur DRG möglich ist, so ist im FM eventuell die Aufbereitung eines OP-Bestecks direkt einer Operation und somit dem Patienten und der DRG zuordenbar. In anderen Teilbereichen – wie der Speisenversorgung oder den Telefondiensten – kommt sogar ein direktes Kunden-Lieferanten-Verhältnis zwischen Patient und FM zustande. Für den Großteil der Leistungen und Produkte im FM erfolgt jedoch die Verrechnung über die medizinischen Bereiche. Das Kunden-Lieferanten-Verhältnis kommt in diesen Fällen zwischen dem medizinischen Bereich als Kunde und dem FM als Lieferant zustande. In den Bereich des Controlling übertragen ist der Kunde die medizinische Kostenstelle und der Lieferant entweder die betreffende Kostenstelle des FM oder der externe Dienstleister.

Die Kosten für den Bezug von FM-Produkten laufen somit als Aufwände auf den medizinischen Kostenstellen auf. Die Weiterverrechnung auf die DRG erfolgt wie in Abbildung 25 dargestellt. Die Zuordnung der Leistungen der jeweiligen medizinischen Bereiche auf die DRG ist dabei dem Handbuch des InEK (InEK 2002) entnommen. Es wird deutlich, dass die Aufwände über Kostentreiber, wie in der Prozesskostenrechnung üblich, dem Produkt DRG zugeordnet werden.

Die Kalkulation der DRGs erfolgte über diese Methode. Daher ist es sinnvoll, auch das Controlling der medizinischen Leistungen auf dieser Basis durchzuführen. Die Anbindung an das Medizincontrolling erfolgt somit über die Kostenstellenrechnung. Entweder über die IBL bei interner Leistungserbringung bzw. nur über die Kostenstellenrechnung im Falle der Erbringung der FM-Dienstleistung durch externe Partner.

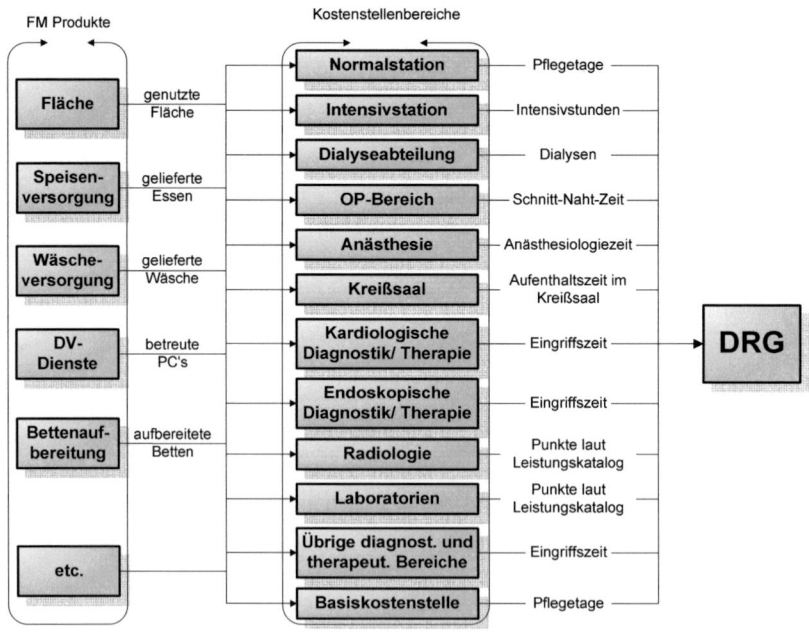

Abbildung 25:   Zuordnung von FM Leistungen zu Kostenstellenbereichen

80

5.2.7 Modell des Verrechnungssystems

Die Schwierigkeit in der praktischen Anwendung der entwickelten Sichtweise besteht darin, dass es notwendig ist, diese mit bestehenden Kostenverrechnungssystemen zu kombinieren. Dabei gilt es drei Probleme zu lösen:

- Die in Verbindung mit dem FM entstehenden Sachkosten müssen den Produkten zugeordnet werden.
- Die Personalkosten müssen den Produkten zugeordnet werden.
- Die Leistungsmengen müssen erfasst und verursachergerecht zugeordnet werden.

Nach Analyse der vorhandenen Kostenstrukturen der beteiligten Krankenhäuser (wie in 5.1 ab Seite 65 gezeigt) – und unter Berücksichtigung der gesetzlichen Vorgaben – konnte eine Struktur entwickelt werden, die eine direkte Verknüpfung zwischen Sachkosten und FM-Produkten gewährleistet. Dadurch wird der Zuordnungsaufwand der Sachkosten stark minimiert.

Die Zuordnung von Personalkosten zu FM-Prozessen ist im Krankenhaus mit ungleich mehr Aufwand verbunden. Da die gesetzlichen Vorgaben eine rein produktorientierte Zuordnung über die Kostenarten nicht ermöglichen und eine Kostenstelle an mehreren Produkten beteiligt sein kann, müssen die Aktivitäten separat produktbezogen erfasst werden. Eine prozentuale Abschätzung der Anteile ist zwar möglich, es ist jedoch ratsam, hierzu Elemente der Prozesskostenrechnung heranzuziehen, um über die Erfassung von Aktivitäten eine präzise Kostenzuordnung zu erreichen.

Die abschließende Zuordnung der Produkte auf die Leistungsempfänger erfolgt über die definierten Bezugsgrößen. Es handelt sich dabei um eine innerbetriebliche Leistungsverrechnung auf Basis einer einfachen Kostenstellenrechnung. Das theoretische Modell geht davon aus, dass alle FM-Leistungen über Bezugsgrößen auf die Leistungsempfänger in Form von Produktmengen auf Kostenstellenbereiche der Patientenversorgung (siehe Abbildung 26) umgelegt werden. In der Praxis hat sich gezeigt, dass über die ABC Analyse eine sukzessive Einführung sinnvoll und möglich ist.

Verrechnungssystem für FM Produkte

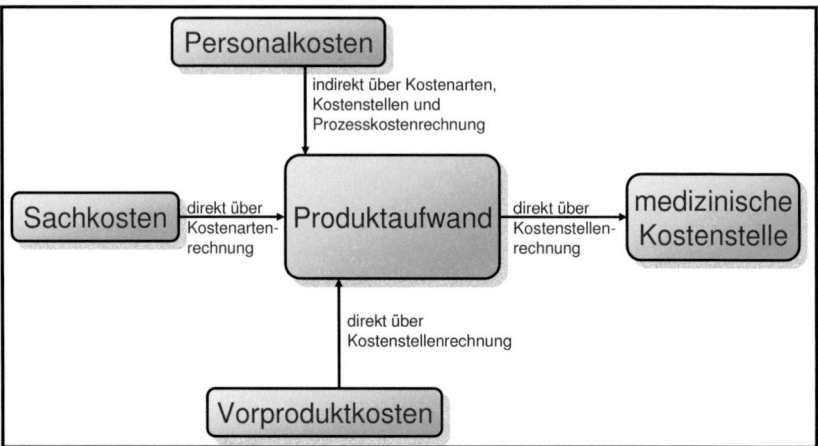

Abbildung 26:   Modell der Produktorientierten Verrechnung

6 Prognose und Benchmarking von FM-Kosten im Krankenhaus

Diese Arbeit enthält – neben der reinen Beschreibung des Produktmodells und des zugehörigen Verrechnungssystems – auch eine Aussage darüber, wie groß die zu erwartenden Produktmengen des FM in einem Krankenhaus in Abhängigkeit von bestimmten charakteristischen Werten sind.

6.1 Basisdaten für die Simulation des Modells

Für die Beschreibung der Zusammenhänge zwischen Charakteristika von Krankenhäusern, Leistungskennwerten im FM und den daraus resultierenden Kosten wurden umfangreiche Analysen durchgeführt.

6.1.1 Korrelationen zwischen Produktmengen und Krankenhauskennwerten

Die erste Frage ist, ob die jeweiligen Produktmengen der FM-Leistungen im Krankenhaus von der Größe des Hauses abhängig sind. Hierzu wird zunächst überprüft, welcher Kennwert – als charakteristisches Merkmal für die Größe – am besten geeignet ist, diesen Zusammenhang auf ein FM-Produkt bezogen zu beschreiben. Allgemein wird für die Größenbestimmung gerne die Bettenanzahl herangezogen. Für die Abschätzung der Produktmengen im FM sollten jedoch konkrete Zusammenhänge verwendet werden. Aus diesem Grund wurden die erfassten Mengendaten für die einzelnen Produkte verschiedenen Kenngrößen gegenübergestellt, die lineare Regression durchgeführt und das Bestimmtheitsmaß ermittelt.

Als Kennwerte für die Größe eines Krankenhauses wurden 10 Charakteristika verwendet. Berücksichtigt wurde die gängige Vergleichsgröße der Bettenanzahl in Form der Anzahl der Planbetten. Aus betriebswirtschaftlicher Sicht wurden als Kenngrößen der Jahresetat der gesamten Einrichtung und die Anzahl der Beschäftigten herangezogen. Bei der Anzahl der Beschäftigten wurde nach der Anzahl der Köpfe und dem Vollzeitäquivalent unterschieden. Als Leistungskenngrößen eines Krankenhauses kamen die Anzahl der innerhalb eines Jahres stationär behandelten Patienten sowie die Belegtage

83

eines Jahres zur Anwendung. Aus Sicht des FM sind in erster Linie die Anforderungen des Primärprozesses als Eingangsgröße für die FM Prozesse zu sehen. Daher wurde für die Charakterisierung der Krankenhausgröße aus medizinischer Sicht die Anzahl der Fachabteilungen, die Anzahl der OP's sowie der Wiederbeschaffungswert (WB) der Medizintechnik berücksichtigt. Zusätzlich wurde die Fläche als Vergleichsgröße genutzt.

Auf der Produktseite wurden alle Produkte, die über die Fläche verrechnet werden sollen, aufgrund der somit identischen Produktmenge unter dem Begriff „Flächenbereitstellung" zusammengefasst. Für Produkte, die nur nach Aufwand verrechnet werden, wurde diese Untersuchung nicht durchgeführt. Für das Produkt „Kälteversorgung" waren nicht ausreichend Daten ermittelbar, so dass weder für diese Untersuchung, noch für die nachfolgenden Analysen die „Kälteversorgung" berücksichtigt werden konnte. Somit bleiben 15 Produkte, die für die Analyse herangezogen wurden.

Das Ergebnis dieser Vorgehensweise ist eine Matrix (siehe Tabelle 4), die das jeweils beste Bestimmtheitsmaß für die Gegenüberstellung einer Produktmenge und einem Größencharakteristikum wiedergibt. Das jeweils beste Bestimmtheitsmaß für ein Produkt ist fett hervorgehoben.

Da die Fläche und der Wiederbeschaffungswert Medizintechnik sowohl bei den Vergleichsgrößen als auch bei den Produkten als Variable verwand wird, ergibt sich ein Bestimmtheitsmaß für diese beiden Kombinationen von 1.

Die Variablen in der Darstellung wurden sortiert, so dass die durchschnittliche Größe des Bestimmtheitsmaßes nach unten bzw. nach rechts abnimmt. So sind die Produkte, die stark durch die Größe eines Krankenhauses beeinflusst werden, in den oberen Zeilen zu finden. Vergleichgrößen, die die Größe eines Krankenhauses aus Sicht des Facility Management präziser beschreiben, finden sich in den linken Spalten.

Variablen	Mitarbeiter (Vollzeit)	Etat	Fläche	Fach-abteilungen	WB Medizin-technik	Betten	Mitarbeiter (Köpfe)	Belegtage	Patienten	OPs	Mittelwert
Speisen-versorgung	0,94	0,94	0,89	0,91	0,85	**0,97**	0,90	0,90	0,96	0,83	0,90
Strom-versorgung	**0,97**	0,96	0,95	0,96	0,89	0,89	0,86	0,84	0,84	0,71	0,88
Telefondienste	**0,98**	0,97	0,93	0,94	0,94	0,87	0,91	0,82	0,80	0,66	0,87
IH Medizintechnik	0,93	0,96	0,92	0,90	**1,00**	0,85	0,90	0,79	0,78	0,62	0,86
DV-Dienste	0,95	**0,96**	0,93	0,93	0,91	0,84	0,87	0,79	0,78	0,67	0,85
Wasser-versorgung	0,93	0,93	0,76	0,76	0,87	0,86	**0,99**	0,85	0,80	0,85	0,85
Fläche	0,81	0,94	**1,00**	0,76	0,92	0,85	0,87	0,79	0,75	0,71	0,83
Wäsche-versorgung	0,93	0,94	0,80	0,80	0,96	0,81	**0,97**	0,78	0,74	0,71	0,84
Betten-versorgung	0,84	0,83	0,73	0,77	0,71	0,91	0,81	**0,98**	0,92	0,88	0,84
Abfall	0,75	0,78	0,89	**0,90**	0,72	0,85	0,62	0,79	0,87	0,59	0,78
Wärme-versorgung	0,92	0,92	**0,94**	0,94	0,83	0,74	0,82	0,66	0,67	0,49	0,78
Fuhrpark	0,84	0,82	0,64	0,65	0,70	0,77	**0,88**	0,74	0,71	0,85	0,75
Transport-dienste	0,75	0,77	**0,94**	0,91	0,82	0,67	0,57	0,60	0,62	0,32	0,69
Hygiene-beratung	0,73	0,74	**0,90**	0,88	0,72	0,64	0,54	0,56	0,59	0,35	0,66
Rundfunk und Fernsehn	0,60	0,48	0,30	0,39	0,32	0,48	0,59	0,51	0,46	**0,71**	0,47
Sterilgut-versorgung	0,32	0,23	0,37	**0,46**	0,26	0,19	0,13	0,16	0,18	0,02	0,22
Mittelwert	0,82	0,82	0,81	0,80	0,78	0,76	0,76	0,72	0,72	0,62	0,82

Tabelle 4:   Bestimmtheitsmaß Matrix für Produktmengen und Krankenhausgrößenkennwerte

Das Ergebnis macht deutlich, dass ein Krankenhaus aus Sicht des FM am besten durch das Äquivalent der Vollzeitmitarbeiter beschrieben werden kann. Aufgabe des FM ist es, für alle Bereiche des Krankenhauses die notwendige Arbeitsumgebung zur Verfügung zu stellen. Diese benötigte Arbeitsumgebung wird jedoch nicht maßgeblich durch die Kenngrößen bestimmt, die im Allgemeinen zur Charakterisierung der Leistungsdaten des Primärbereichs heran gezogen werden.

Der starke Einfluss der Mitarbeiteranzahl ist dadurch erklärbar, dass auch die Durchführung der Primärprozesse wesentlich durch den Personaleinsatz geprägt ist. Soll der Primärprozess also optimal unterstützt werden, muss in erster Linie dem Mitarbeiter die benötigte Arbeitsumgebung bereitgestellt werden. Der Etat als bestimmendes Größenkriterium erscheint auf den ersten Blick trivial. Große Leistungsmengen im FM verursachen hohe Kosten. Es gilt jedoch zu bedenken, dass der FM Kostenanteil lediglich bei ca. 30% des Gesamtetats eines Krankenhauses liegt. Es ist eher anzunehmen, dass der Etat verdeutlicht, in welchem Maße medizinische Leistungen erbracht werden, die sich im Umsatz widerspiegeln. Die Menge an erbrachten medizinischen Leistungen wiederum bedingt Leistungsmengen im FM. Die Fläche als Grundlage für sämtliche FM Leistungen, ist nicht in dem Maße von Einfluss auf die Leistungsmengen im FM, wie dies zu erwarten gewesen wäre. Dies bedeutet jedoch nicht, dass die Fläche als Größencharakteristikum von geringer Bedeutung ist. Die Tatsache, dass – neben der Fläche als Produkt – weitere drei Produkte (Wärmeversorgung, Transportdienste und Hygieneberatung) durch die Fläche als Größencharakteristikum sehr gut in Bezug auf ihre Produktmenge beschrieben werden verdeutlicht, dass bestimmte Produkte stark von der Fläche abhängen.

Bemerkenswert ist, dass die Leistungsdaten, die den medizinischen Bereich des Krankenhauses charakterisieren, in Bezug auf die Produktmengen im FM nur geringen Einfluss haben und die letzten drei Plätze belegen.

Bei der Betrachtung der Rangfolge der Produkte fällt auf, dass die aus der ABC-Analyse hervor gegangenen umsatzstarken Produkte, die ca. 80% der gesamten FM-Kosten ausmachen, stark von der Größe des Krankenhauses abhängig sind. Somit ist im Falle einer Abschätzung der Kosten für das FM im Krankenhaus über die prognostizierten Produktmengen gewährleistet, dass die Genauigkeit der Prognose auf Basis von Größenkennwerten ausreichend ist. Um diese Genauigkeit auch quantifizieren zu können, wurden für die ermittelten Regressionen die zugehörigen statistischen Parameter auf Basis der erhobenen Werte ermittelt. Nachfolgend sind für die einzelnen Produkte die zugehörigen Regressionsfunktionen zusammengestellt. Die zugehörigen Grafiken sind in „Anlage 5: Korrelationsdiagramme" beigefügt.

Produkt	Funktion
Fläche Flächenbereitstellung IH Gebäude IH technische Anlagen Betreiben Reinigung Schädlingsbekämpfung Schutz- & Sicherheitsdienste Außenanlagenpflege	$FL = 0,000506 \cdot ET - 1822$
Speisenversorgung	$AE = 1028 \cdot AB + 29400$
ICH Medizintechnik	$WBM = 0,477 \cdot ET - 6950000$
Wärmeversorgung	$W = 441 \cdot FL - 4010000$
Wäscheversorgung	$WM = 0,394 \cdot MA_K - 71$
Stromversorgung	$STR = 6800 \cdot MA_V + 160000$
DV-Dienste	$APC = 9,31 \cdot 10^{-6} \cdot ET - 233$
Bettenversorgung	$AAB = 0,101 \cdot BEL + 4150$
Telefondienste	$AT = 1,59 \cdot MA_V - 410$
Wasserversorgung	$WAM = 78 \cdot MA_K - 27500$
Abfallentsorgung	$AM = 56 \cdot AFA - 104$
Transportdienste	$ATR = 0,704 \cdot FL - 13100$
Sterilgutversorgung	$STE = 1020 \cdot AFA + 7340$
Fuhrpark	$AF = 0,0113 \cdot MA_K - 5,96$
Hygieneberatung	$AHY = 0,186 \cdot FL - 4330$
Rundfunk und Fernsehen	$ATV = 13,2 \cdot AOP + 43,7$

Tabelle 5: Regressionsfunktionen für die Berechnung von Produktmengen

Variablen:

FL	-	Fläche (NF 1-6)
AE	-	Anzahl Essen
AB	-	Anzahl Planbetten
WBM	-	Wiederbeschaffungswert Medizintechnik
ET	-	Etat
W	-	Wärmemenge
WM	-	Wäschemenge
MA_K	-	Mitarbeiter (Köpfe)
STR	-	Strommenge
MA_V	-	Mitarbeiter (Vollzeit)
APC	-	Anzahl Computer (PCs)
AAB	-	Anzahl aufbereitete Betten
BEL	-	Anzahl Belegtage
AT	-	Anzahl Telefone
WAM	-	Wassermenge

AM - Abfallmenge
AFA - Anzahl Fachabteilungen
ATR - Anzahl Patiententransporte
STE - Anzahl Sterilguteinheiten
AF - Anzahl Fahrzeuge
AHY - Anzahl Hygieneuntersuchungen
ATV - Anzahl Fernsehgeräte (TVs)
AOP - Anzahl Operationsräume

Die Steigung der Funktion gibt jeweils die zu erwartende Produktmenge pro Einheit des zugehörigen Größenkennwertes an. Das absolute Glied gibt Aufschluss darüber, ob theoretisch eine Grundmenge des Produkts – unabhängig von der Größe des Krankenhauses – zur Gewährleistung des Betriebs benötigt wird (positives absolutes Glied) bzw. ob ein Haus bis zu einer bestimmten Größe theoretisch auch ohne dieses Produkt betrieben werden kann (negatives absolutes Glied).

In Tabelle 6 ist aufgeführt, welche Produkte ein positives bzw. negatives absolutes Glied haben.

Produkt	Absolutes Glied
Flächenbereitstellung	
IH Gebäude	
IH technische Anlagen	
Betreiben	Negativ
Reinigung	
Schädlingsbekämpfung	
Schutz- & Sicherheitsdienste	
Außenanlagenpflege	
Speisenversorgung	Positiv
IH Medizintechnik	Negativ
Wärmeversorgung	Negativ
Wäscheversorgung	Negativ
Stromversorgung	Positiv
DV-Dienste	Negativ
Bettenversorgung	Positiv
Telefondienste	Negativ
Wasserversorgung	Negativ
Abfallentsorgung	Negativ
Transportdienste	Negativ
Sterilgutversorgung	Positiv
Fuhrpark	Negativ
Hygieneberatung	Negativ
Rundfunk und Fernsehen	Positiv

Tabelle 6: Absolutes Glied der bestimmten Funktionen

Elf der Funktionen haben ein negatives absolutes Glied. Dies bedeutet, dass die Mehrzahl der FM-Dienstleistungen erst ab einer bestimmten Krankenhausgröße benötigt wird. Fünf Funktionen mit einem positiven absoluten Glied sind somit theoretisch auch unabhängig von der Größe des Krankenhauses für den Betrieb notwendig.

Bei den Funktionen mit negativem absolutem Glied ist zusätzlich die Nullstelle von Bedeutung, das heißt, ab welcher Größe das Produkt benötigt wird. Die Größe wird jeweils durch einen Größenkennwert repräsentiert.

Für das Produkt „**Fläche**" bedeutet dies, dass für jeden umgesetzten Euro 0,000506 benötigt werden bzw. je 1000 Euro ca. ein halber Quadratmeter zu rechnen ist. Der Kehrwert der Steigung bedeutet, dass auf einem Quadratmeter Nutzfläche (1-6) ein Umsatz von ca. 2000 Euro (1976 Euro) generiert wird. Ab einem Umsatz von ca. 3,6 Mio. Euro wird überhaupt erst eine Fläche benötigt. Dies ist zwar logisch nicht begründbar, bringt jedoch zum Ausdruck, dass kleinere Krankenhäuser einen geringeren Flächenbedarf haben als größere. Hier scheint es sinnvoll, über eine nichtlineare Funktion nachzudenken, die einen eventuell progressiven Zusammenhang darstellen könnte.

Bei der **Speisenversorgung** bedeutet die sich ergebende lineare Funktion, dass je Planbett im Jahr 1028 Essen produziert werden. Dies entspricht 2,8 Essen pro Tag. Bei drei Mahlzeiten am Tag ist ein Wert von 2,8 durchaus plausibel. Bemerkenswert ist jedoch, dass der Regressor Anzahl Planbetten eine bessere Funktion ergibt als der Regressor Anzahl Belegtage. Zu erwarten wäre, dass die Anzahl der Belegtage besser die Menge der zu versorgenden Kunden repräsentiert. Eine Erklärungsmöglichkeit wäre, dass die Versorgung der Mitarbeiter diesen Zusammenhang überlagert. Das absolute Glied der Funktion bedeutet, dass ca. 29.400 Essen produziert werden müssten bei einer Planbettenanzahl von Null. Umgerechnet sind dies bei 365 Tagen im Jahr und 3 Essen pro Tag ca. 27 Personen, die versorgt werden müssten.

Für die installierte **Medizintechnik** hat die ermittelte Funktion die Bedeutung, dass der installierte Wiederbeschaffungswert in etwa der Hälfte des Etats des Krankenhauses entspricht. Das absolute Glied bedeutet, dass theoretisch erst ab einem Etat von 14,6 Mio. Euro Medizintechnik im Krankenhaus benötigt wird. Prinzipiell ist ein solcher Zusammenhang vorstellbar, der bedeutet, dass medizinische Leistungen auch ohne Medizintechnik erbracht werden können. Der Wert von 14,6 Mio. Euro erscheint jedoch wesentlich zu hoch. Auch hier könnte es sinnvoll sein, einen nichtlinearen Zusammenhang zu überprüfen, der in der Lage ist, einen zunehmenden Bedarf an Medizintechnik bei zunehmender Krankenhausgröße abzubilden.

Erwähnenswert ist, dass die Anzahl der OPs das geringste Bestimmtheitsmaß aller berücksichtigten Größencharakteristiken hat. Obwohl der OP-Bereich eines Krankenhauses stark durch die medizintechnische Ausstattung geprägt ist, scheint der Einfluss im Vergleich zu anderen diagnostischen und therapeutischen Bereichen – wie z.b. der Radiologie – gering zu sein.

Die **Wärmeversorgung** wird maßgeblich durch die Fläche bestimmt. So trivial, wie diese Tatsache erscheint, ist sie dennoch bemerkenswert, da das Bestimmtheitsmaß, für den Zusammenhang zwischen der Anzahl Fachabteilungen und Wärmeverbrauch ($r^2 = 0{,}94$) nur geringfügig kleiner als der zwischen Fläche und Wärmeverbrauch ($r^2 = 0{,}94$) ist. Die Steigung der Funktion bedeutet, dass im Krankenhaus ca. 440 kWh Wärmeenergie pro Quadratmeter Nutzfläche (1-6) und Jahr durch das FM geliefert werden müssen. Für Wohngebäude liegt dieser Wert – zum Vergleich – zwischen 200 und 250 kWh/m²WF (vgl. (Vogler und Lasch 1999)). Dabei ist für einen genauen Vergleich noch zu berücksichtigen, dass die Wohnfläche (WF) nicht direkt mit der Nutzfläche zu vergleichen ist. Der höhere Verbrauch ist zudem durch die höhere Nutzungszeit zu erklären. Gemäß der Ermittlung der Nullstelle braucht ein Krankenhaus bis zu einer Größe von ca. 9000 m² Nutzfläche (1-6) keine Wärme. Da dies logisch nicht begründbar ist, sollte auch hier ein nichtlinearer Ansatz überprüft werden. Jedoch auch die These, dass Krankenhäuser großer Größe mehr Wärme konsumieren, die einem nicht linearen Ansatz zugrunde liegt, ist nicht direkt logisch. Eine mögliche Erklärung hierfür wäre, dass große Krankenhäuser das Produkt „Wärmeversorgung" auch zu anderen Zwecken als zur Beheizung von Fläche einsetzen. So kann Dampf auch in der Küche für die Speisenversorgung oder für die Befeuchtung und Kühlung über Absorption in der Klimatisierung eingesetzt werden.

Die Anzahl der Mitarbeiter (Köpfe) bestimmt nach Analyse auf Basis linearer Regression maßgeblich die Menge an gereinigter **Wäsche**. Pro Mitarbeiter ist somit jährlich mit einer Menge von ca. 0,4 Tonnen auszugehen. Bis zu einer Anzahl von 170 Mitarbeitern fällt theoretisch keine Wäsche an. Interessant ist, dass auch in diesem Fall, wie schon bei der Speisenversorgung, die Kennwerte, die die Leistungsdaten des Krankenhauses aus Sicht des Primärprozesses beschreiben, keinen starken Zusammenhang aufzeigen. Weder die Anzahl Belegtage ($r^2 = 0{,}78$) noch die Anzahl behandelter Patienten ($r^2 = 0{,}74$) beschreiben den Zusammenhang so stark wie die Anzahl Mitarbeiter (Köpfe) ($r^2 = 0,97$). Da es sich in den beiden genannten Fällen um logisch begründbare Zusammenhänge handelt, seien hier dennoch die zugehörigen Kennwerte der Funktionen genannt. Je Belegtag fallen demnach 5 kg Wäsche an bzw. je behandeltem Patienten 44.5 kg.

Für die **Stromversorgung** führt die Regression über die Anzahl Mitarbeiter (Vollzeit) zum besten Bestimmtheitsmaß ($r^2 = 0,97$). Logisch ist dieser starke Zusammenhang gut begründbar, da jeder Mitarbeiter durch seine Aktivitäten während der Arbeitszeit den Stromverbrauch beeinflusst. Je Mitarbeiter (Vollzeit) müssen durch das FM jährlich ca. 6,8 MWh elektrische Energie bereitgestellt werden. Im Vergleich dazu verbraucht ein Single im Jahr 1,8 MWh Strom (VDEW 2006). Im Fall der Stromversorgung ist das absolute Glied positiv. Dies bedeutet, dass ein Krankenhaus unabhängig von seiner Mitarbeiteranzahl ca. 160 MWh an Strom konsumiert. Bemerkenswert in diesem Fall ist, dass, mit Ausnahme des Wiederbeschaffungswerts der Medizintechnik, alle anderen Regressoren zu einem negativen absoluten Glied führen. Es ist somit eventuell auch möglich, dass ein kleines Krankenhaus pro Größeneinheit weniger Energie verbraucht als ein großes.

Bei der Anzahl an PCs, die den Umfang der **DV-Dienstleistung** repräsentieren, ist der stärkste Zusammenhang zwischen Anzahl PCs und dem Etat eines Krankenhauses gegeben. Für jeden Euro Umsatz werden $9,3 \cdot 10^{-6}$ PCs benötigt. Anschaulicher ausgedrückt entspricht dieser Wert 9,3 PCs je 1 Mio. Euro bzw. auf einen PC entfallen ca. 107.000 Euro des Etats. Unabhängig vom Regressor ergibt sich ein negatives absolutes Glied. In Bezug auf den Etat bedeutet dies, dass bis zu einem Etat von ca. 25 Mio. Euro ein Krankenhaus theoretisch ohne DV-Dienste betrieben werden könnte. Auch in diesem Fall sollte überprüft werden, ob nichtlineare Zusammenhänge in der Lage sind, den Zusammenhang besser zu beschreiben. Bei genauer Betrachtung der Werte kommt in diesem Fall wohl auch eine lineare Regression bei Strukturbruch in Frage.

Der einzige Fall, in dem ein Kennwert aus dem Bereich des medizinischen Output die Leistungsmenge im FM bestimmt, ist die **Bettenversorgung**. Je Belegtag müssen theoretisch 0,101 Betten aufbereitet werden. Aber auch ohne Belegtage müssen jährlich ca. 4000 Betten aufbereitet werden. Dies entspricht bei 365 Tagen im Jahr täglich ca. 11 Betten. Interessant ist, dass die Anzahl Belegtage ($r^2 = 0,98$) die Menge aufzubereitender Betten besser beschreibt, als die Anzahl stationär behandelter Patienten ($r^2 = 0,92$). Zu erwarten wäre, dass nach Entlassung eines Patienten das Bett aufbereitet wird und somit die Anzahl stationär behandelter Patienten stärkeren Einfluss auf die Bettenversorgung hat.

Für die **Telefondienste** gibt die lineare Regression wieder, dass je Vollzeitmitarbeiter ca. 1,6 Nebenstellen bereitgestellt werden müssen. Das negative absolute Glied verdeutlicht in diesem Zusammenhang nicht, dass ein Mindestmaß an Kommunikationstechnik benötigt wird, um ein Krankenhaus zu betreiben, sondern dass ein nennenswerter Bedarf erst ab einer bestimmten Größe entsteht. In diesem Fall ab einer Anzahl von ca. 270 Vollzeitmitarbeitern. Interessant ist, dass die Telefondienste als Ergebnis der Analyse sehr stark von der Größe eines Krankenhauses abhängig sind. (vgl. Tabelle 4 auf Seite 85).

Pro Mitarbeiter (Kopf) müssen durch das FM ca. 80 m³ Wasser im Jahr geliefert werden. Dieser Wert für die **Wasserversorgung** entspricht ca. 220 Liter pro Kopf und Tag. Im Verhältnis zu den 120 bis 140 Litern, die durchschnittlich in Deutschland pro Kopf verbraucht werden (Vogler und Lasch 1999), ist dies erheblich mehr. Wird die Anzahl der gleichzeitig mitversorgten Patienten und der Wasserverbrauch durch therapeutische Bereiche mit berücksichtigt, wird die Zahl durchaus plausibel. Die starken Zusammenhänge zwischen den Mitarbeiteranzahlen (Vollzeit und Köpfe) und dem Wasserverbrauch zeigen jedoch, dass diese für eine Prognose des Verbrauchs besser geeignet sind als die zu vermutende Anzahl Patienten ($r^2 = 0{,}80$) oder die Anzahl Belegtage ($r^2 = 0{,}85$).

Der zu entsorgende **Abfall** im Krankenhaus wird bemerkenswerter Weise sehr gut durch die Anzahl der Fachabteilungen repräsentiert ($r^2 = 0{,}90$). Bei genauer Betrachtung wird jedoch deutlich, dass die Abfallmenge stark durch den Output des Primärprozesses bestimmt wird. Die Bestimmtheitsmaße von Patienten, Belegtagen und Betten liegen deutlich über z.B. denen der Mitarbeiter. In Abhängigkeit von der Anzahl der Fachabteilungen ergibt sich aus der Regression eine jährliche Abfallmenge von ca. 56 Tonnen Abfall je Fachabteilung. In Bezug auf die Anzahl stationär behandelter Patienten ergibt sich aus der Regression ein Wert von ca. 52 kg Abfall je stationär behandeltem Patienten. Das negative absolute Glied aus der Regression mit der Anzahl der Fachabteilungen (-104) deutet darauf hin, dass tendenziell große Krankenhäuser mehr Abfall produzieren. Da das absolute Glied bei anderen Regressoren teilweise einen positiven und teilweise einen negativen Wert annimmt, sollte in diesem Fall dem absoluten Glied nicht zu viel Bedeutung beigemessen werden.

92

Die Anzahl Fahrzeuge, die im **Fuhrpark** zu erwarten ist, kann gut über die Anzahl der Mitarbeiter (Köpfe) prognostiziert werden. Je Mitarbeiter ergeben sich aus der Regression ca. 0,01 Fahrzeuge im Fuhrpark. Anschaulicher ist auch hier der Kehrwert, dass je 88 Mitarbeiter ein Auto benötigt wird. Das absolute Glied ist, mit Ausnahme der Fläche und dem Wiederbeschaffungswert Medizintechnik, bei allen Regressoren negativ. Dieses Ergebnis ist durchaus plausibel, da bei zunehmender Größe des Krankenhauses mit einem erhöhten Transportbedarf mit Fahrzeugen zu rechnen ist.

Ähnliches wie bei der Anzahl Fahrzeuge im Fuhrpark ergibt sich bei den **Transportdiensten**. Zwar repräsentiert hier die Fläche am besten die zu erwartende Anzahl an Patiententransporten ($r^2 = 0,94$) und ergibt ca. 0,7 Patiententransporte je Quadratmeter Nutzfläche (1-6). Das absolute Glied ist aber in allen überprüften Regressionen negativ und bedeutet im konkreten Fall, dass mit einer durch das FM zu erbringenden Dienstleistung "Transportdienste" erst ab einer Fläche von 11.500 m² Nutzfläche (1-6) zu rechnen ist.

Es erscheint daher bei beiden logistischen Produkten ratsam, einen nichtlinearen Zusammenhang in Betracht zu ziehen. Eventuell gewinnen durch diese Analysen auch andere Größenkennwerte – wie z.B. die Anzahl behandelter Patienten oder die Anzahl der Belegtage – an Bedeutung, die einen logisch nachvollziehbaren Zusammenhang darstellen.

Das Produkt „**Hygieneberatung**" als vermarktbares Produkt der Qualitätssicherung ist in seinem Umfang gut über die Fläche prognostizierbar. Der Bedarf an Hygieneberatung nimmt mit zunehmender Größe stark zu. Darauf deuten die in allen Fällen negativen und im Verhältnis großen absoluten Glieder hin. Im konkreten Fall hat ein Krankenhaus einen theoretischen Bedarf von 0,2 Hygieneberatungen je Quadratmeter Nutzfläche (1-6) und Jahr. Jedoch beginnt dieser Bedarf theoretisch erst ab einer Größe von ca. 23.000 m².

Die Produktmenge für das Produkt „**Rundfunk und Fernsehen**" in Form der Anzahl an TV-Geräten lässt sich nur sehr schlecht über die gewählten Größenkennwerte prognostizieren. Das beste Bestimmtheitsmaß ergibt sich über der Anzahl der Operationssäle ($r^2 = 0,71$). Logisch ist dieser Zusammenhang nicht begründbar. Zu erwarten wäre ein starker Zusammenhang zwischen der Anzahl an TV-Geräten und der Anzahl Planbetten. Hier liegt das Bestimmtheitsmaß lediglich bei $r^2 = 0,48$. Es ist zu vermuten, dass in diesem Fall schwer erfassbare Einflüsse – wie z.B. durch die Geschäftsführung individuell festgelegte Standards zur Ausstattung von Patientenzimmern – die Zusammenhänge überlagern.

Die mit Abstand am schlechtesten prognostizierbare Produktmenge im FM ist die Anzahl aufbereiteter Sterilguteinheiten. Lediglich die Anzahl der Fachabteilungen ergibt ein nennenswertes Bestimmtheitsmaß von $r^2 = 0,46$ für eine lineare Regression bei der **Sterilgutversorgung**. Hervorzuheben ist, dass sich bei der Regression über die Anzahl der Operationssäle das absolut geringste Bestimmtheitsmaß von $r^2 = 0,02$ ergibt. Hier wäre ein deutlich stärkerer Zusammenhang zu vermuten, da die Sterilguteinheiten im OP benötigt werden. Anhand der erhobenen Daten ist eine Erklärung dieses Wertes nicht möglich. Eventuell können genauere Untersuchungen unter Berücksichtigung der Anzahl durchgeführter Operationen und deren Schweregrad zur Aufklärung beitragen.

6.1.2 Zusammenfassung Mengenfunktionen

Der Zusammenhang zwischen den Produktmengen und den Größenkennwerten ist sehr stark. Mit Ausnahme der Sterilgutversorgung liegen alle Bestimmtheitsmaße über 0,7. Das bedeutet, dass die Produktmengen auf Basis der ermittelten Funktionen sehr gut über die Größenkennwerte prognostiziert werden können.

Die Mengenfunktionen der Produkte deuten darauf hin, dass kleine Krankenhäuser im Verhältnis weniger FM-Produkte konsumieren. Da die Fläche von großer Bedeutung für die FM-Kosten im Krankenhaus ist, ist es bemerkenswert, dass kleine Krankenhäuser einen geringeren Flächenbedarf haben. **Große Krankenhäuser haben einen erheblich höheren Flächenbedarf.** Mit diesem verstärkten Flächenbedarf geht ein erhöhter Bedarf an logistischen Produkten einher. Die zu klärende Frage ist, wie sich die Effizienzvorteile kleiner Häuser durch schlechtere Preise bzw. höhere Kosten relativieren.

6.1.3 Korrelationen zwischen Produktmenge und Produktkosten

Neben den Produktmengen, die von der Größe des Krankenhauses abhängen, sind auch die Produktkosten variabel.

Es liegt die Annahme nahe, dass die Produktkosten von der Produktmenge stark abhängen. Diese Zusammenhänge wurden für alle definierten Produkte im FM ermittelt und somit für jedes Produkt eine Preisfunktion aufgestellt. Wie die

Tabelle 7 verdeutlicht, sind jedoch die Korrelationen zwischen den Produktkosten und der Produktmenge nicht so stark, wie es zu erwarten gewesen wäre.

Der Vergleich mit den Korrelationen zwischen Produktmengen und Krankenhausgrößenkennwerten verdeutlicht, dass die Abhängigkeit zwischen diesen einen wesentlich stärkeren Einfluss auf die Produktkosten hat. Es liegt die Vermutung nahe, dass der Preis für ein Produkt sehr stark von der Art der Erbringung der Dienstleistung abhängt.

Produkt	Bestimmtheitsmaß
Abfallkosten	0,90
Außenanlagen	0,83
Betreiben	0,36
Bettenaufbereitung	0,67
DV-Dienste	0,86
Fuhrpark	0,20
Technische Serviceleistungen	0,71
Hygieneberatung	0,54
IH Gebäude	0,95
IH Medizintechnik	0,88
IH techn. Anlagen	0,77
Kälteversorgung	0,54
Flächenbereitstellung	0,73
Reinigung	0,96
Rundfunk und Fernsehen	0,15
Schädlingsbekämpfung	0,49
Sicherheitsdienst	0,60
Speisenversorgung	0,98
Sterilgutversorgung	0,43
Stromversorgung	0,92
Telefondienste	0,61
Transportdienste	0,07
Wärmeversorgung	0,87
Wäscheversorgung	0,00
Wasserversorgung	0,96

Tabelle 7:   Bestimmtheitsmaß für Produktkosten und Produktmenge

Die einzelnen Funktionen werden in Abschnitt 6.2.2 dargestellt. Vorteilhaft für die nachfolgend durchgeführte Simulation ist, dass die Funktionen für Produkte mit hohen Kostenanteilen wie z.B. Kaltmiete, Speisenversorgung und Reinigung (siehe Ergebnis der ABC Analyse in Abbildung 21auf Seite 70) über ein hohes Bestimmtheitsmaß verfügen und somit den absoluten Fehler gering halten. Wie in der modernen Kostenrechnung, die davon ausgeht, dass nur fixe und proportionale, d.h. lineare Kostenzusammenhänge existieren (Müller 1996), wurden auch bei der Regression der Produktkosten lediglich lineare Zusammenhänge untersucht. Es gilt jedoch dabei zu bedenken, dass dadurch keine Aussage über ‚economies of scale' (Gabler 2000) ermöglicht wird, nach der sich Kosten degressiv in Bezug auf die Ausbringungsmenge verhalten müssten.

6.1.4 Abschätzung des FM internen Ressourcenverzehrs

Wie bereits in der Einleitung erwähnt, handelt es sich bei den Preisen, die sich direkt aus dem Verrechnungssystem ergeben, nicht um Marktpreise. Die im Benchmarking (siehe Abschnitt 5.2.7) dargestellten Kosten pro Bezugsgröße können nicht mit Preisen gleichgesetzt werden, da der interne Ressourcenverbrauch zur Erbringung der Dienstleistungen nicht berücksichtigt wird. Für die Simulation wurde jedoch ein Weg gesucht, zumindest eine wesentliche Ressource zu berücksichtigen. Am Beispiel der Speisenproduktion wurde untersucht, welche facilitären Kostenanteile wesentlich zu den Produktionskosten beitragen. Die Verteilung der Aufwände (siehe Abbildung 27) zeigt, dass 85,9% der Kosten (Aufwand für Personal und Lebensmittel) durch den ermittelten Wert aus dem Verrechnungssystem bereits berücksichtigt sind. Von den verbleibenden 14,1% entfallen über Mietaufwand, Abschreibungen, Reinigung und Instandhaltung 10,52% auf flächenbezogene Produkte.

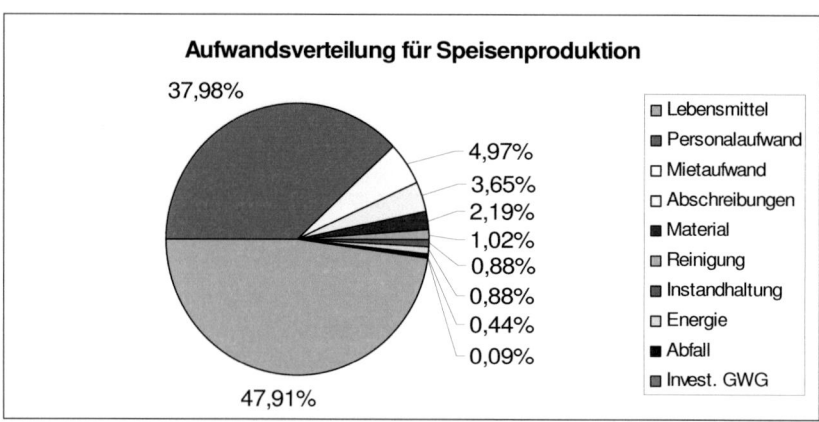

Abbildung 27:   Aufwandsverteilung für Speisenproduktion (Rupp 2003)

Um diesen Fehler, der sich bei der Einführung des Systems durch die gegenseitige Belastung der Kostenstellen selbst eliminiert, bei der Simulation auszugleichen, wurde ein statischer Korrekturfaktor aus Realdaten eines Krankenhauses hergeleitet.

Im ersten Schritt wurden hierzu die nicht medizinisch genutzten Flächen untersucht und entsprechend den Kostenstellenbereichen den FM-Produkten zugeordnet. Wie in Abbildung 28 deutlich wird, entfielen in dem konkreten Fall 14,5% der Gesamtfläche des Klinikums auf Personalwohnungen.

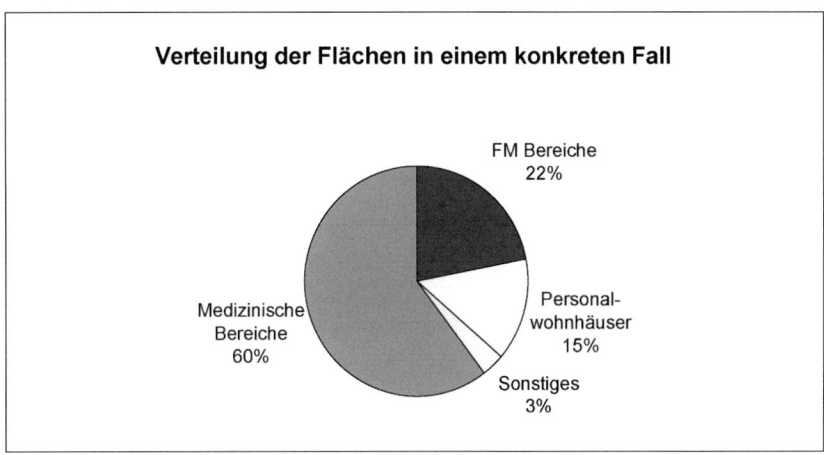

Abbildung 28:   Flächenverteilung auf verschiedene Bereiche in einem konkreten Fall

Diese können zwar nicht dem medizinischen Bereich zugeordnet werden, sind aber dem Kunden-Lieferanten-Verhältnis zwischen FM und medizinischen Bereichen gleich zu stellen. Ähnliches gilt für die „Sonstigen" Flächen, unter denen übergeordnete Bereiche wie Geschäftsführung, Finanzbuchhaltung, Controlling, Personalarzt oder Pflegeschule zu finden sind.

Innerhalb der FM Bereiche verteilt sich die Fläche in diesem konkreten Fall wie in Tabelle 8 dargestellt auf die einzelnen Produkte.

Produkt	Anteil FM-Flächen	Anteil Gesamtflächen
Flächenbereitstellung	48,49%	10,64%
Speisenversorgung	13,78%	3,02%
Wäscheversorgung	9,89%	2,17%
Büromaterial	6,22%	1,36%
IH Gebäude	3,05%	0,67%
Bettenversorgung	2,66%	0,58%
DV-Dienste	2,59%	0,57%
Sterilgutversorgung	2,04%	0,45%
IH Technische Anlagen	1,74%	0,38%
Abfallentsorgung	1,39%	0,30%
Transportdienste	1,15%	0,25%
Fuhrpark	1,05%	0,23%

Prognose und Benchmarking von FM-Kosten im Krankenhaus

Produkt	Anteil FM-Flächen	Anteil Gesamtflächen
Stromversorgung	0,91%	0,20%
Technische Serviceleistungen	0,88%	0,19%
IH Medizintechnik	0,80%	0,18%
Schutz- & Sicherheitsdienste	0,48%	0,11%
Wärmeversorgung	0,45%	0,10%
Wasserversorgung	0,45%	0,10%
Reinigung	0,36%	0,08%
Telefondienste	0,34%	0,08%
Betreiben	0,31%	0,07%
Post	0,23%	0,05%
Hygieneberatung	0,19%	0,04%
Umzugsdienste	0,16%	0,04%
Außenanlagen	0,15%	0,03%
Rundfunk und Fernsehen	0,14%	0,03%
Schädlingsbekämpfung	0,09%	0,02%
Kopier- und Druckereidienste	0,00%	0,00%
Kälteversorgung	0,00%	0,00%

Tabelle 8:   Verteilung der Flächenanteile auf die FM-Produkte

Über die Anteile an der Gesamtfläche wurde den einzelnen Produkten ein Kostenanteil für die Flächennutzung zur Produktherstellung zugewiesen. Der korrigierte Kostenanteil des Produkts $KT_{korr\,Produkt}$ ergibt sich dabei aus dem kalkulatorischen Kostenanteil $KT_{0\,Produkt}$ zuzüglich des Flächenanteils des Produkts $FT_{Produkt}$ multipliziert mit den Kostenanteilen aller flächenbasierten Produkte $KT_{korr\,Flächenprodukte}$.

$$KT_{korr\,Produkt} = KT_{0\,Produkt} + FT_{Produkt} \cdot KT_{korr\,Flächenprodukte} \qquad (6.1)$$

Bei den Flächenbasierten Produkten muss von dieser Summe noch der Flächenanteil aller FM-Produkte FT_{FM} multipliziert mit dem korrigierten Kostenanteil des Produkts $KT_{korr\,Produkt}$ abgezogen werden. Dadurch werden die auf die anderen Produkte umgelegten Anteile des zu berechnenden flächenbezogenen Produkts mit berücksichtigt.

$$KT_{korr\,Produkt} = KT_{0\,Produkt} + FT_{Produkt} \cdot KT_{korr\,Flächenprodukte} - FT_{FM} \cdot KT_{korr\,Produkt} \qquad (6.2)$$

Für alle Produkte durchgeführt, ergeben sich für jedes Produkt ein kalkulatorischer sowie ein korrigierter Kostenanteil. Der Quotient dieser beiden Kostenanteile kann als Korrekturfaktor ϕ für die Flächenberücksichtigung herangezogen werden.

$$\phi = \frac{KT_{korr}}{KT_0} \qquad (6.3)$$

Für den konkreten Fall durchgeführt ergeben sich die in Tabelle 9 dargestellten Korrekturfaktoren für die jeweiligen Produkte.

98

Produkt	Kostenanteil ohne Flächenkorrektur KT_0	Anteil an Gesamtfläche FT	Kostenanteil inkl. Flächennutzung KT_{korr}	Korrekturfaktor ϕ
Flächenbereitstellung	40,97%	10,64%	38,37%	0,94
Speisenversorgung	8,91%	3,02%	10,57%	1,19
Reinigung	7,46%	0,08%	6,15%	0,82
IH Gebäude	5,84%	0,67%	5,09%	0,87
IH Medizintechnik	5,01%	0,18%	5,10%	1,02
IH Technische Anlagen	4,35%	0,38%	3,74%	0,86
Wärmeversorgung	3,49%	0,10%	3,55%	1,02
Wäscheversorgung	3,29%	2,17%	4,47%	1,36
Stromversorgung	2,81%	0,20%	2,92%	1,04
DV-Dienste	2,75%	0,57%	3,06%	1,11
Technische Serviceleistungen	2,46%	0,19%	2,57%	1,04
Bettenversorgung	1,71%	0,58%	2,03%	1,19
Telefondienste	1,67%	0,08%	1,71%	1,02
Wasserversorgung	1,54%	0,10%	1,59%	1,04
Büromaterial	1,41%	1,36%	2,15%	1,53
Abfallentsorgung	1,30%	0,30%	1,47%	1,13
Transportdienste	0,80%	0,25%	0,94%	1,17
Betreiben	0,66%	0,07%	0,57%	0,87
Außenanlagen	0,64%	0,03%	0,54%	0,84
Post	0,62%	0,05%	0,65%	1,05
Sterilgutversorgung	0,57%	0,45%	0,81%	1,43
Fuhrpark	0,49%	0,23%	0,61%	1,26
Kopier- und Druckereidienste	0,37%	0,00%	0,37%	1,00
Hygieneberatung	0,35%	0,04%	0,37%	1,07
Rundfunk und Fernsehen	0,17%	0,03%	0,19%	1,10
Schutz- & Sicherheitsdienste	0,16%	0,11%	0,18%	1,12
Kälteversorgung	0,11%	0,00%	0,11%	1,00
Umzugsdienste	0,07%	0,04%	0,09%	1,30
Schädlingsbekämpfung	0,04%	0,02%	0,04%	1,04

Tabelle 9: Übersicht FM-Produkte und Flächenkorrekturfaktoren

Im praktischen Beispiel bedeutet dies, dass zu den Kosten für die Reinigung, die sich aus den Personal- und Sachkosten ergeben, die Kosten hinzu addiert werden, die aus Flächen entstehen, die der Reinigung zuzuordnen sind (z.b. Büro der Hauswirtschaftlichen Betriebsleitung). Zusätzlich wird bei der Reinigung als flächenbasiertes Produkt der Kostenanteil abgezogen, der durch die Reinigung von Räumen entsteht, die den FM Produkten zuzuordnen sind (z.B. Reinigung der Küche)

Wesentliche Verschiebungen in der Reihenfolge der Produkte in Bezug auf die Kostenanteile im FM sind durch die Korrektur nicht zu verzeichnen. Es wird jedoch deutlich, dass flächenbasierte Produkte, wie z.B. die Reinigung, bis zu 20% günstiger werden. Im Gegensatz dazu können Produkte mit einem hohen Flächenbedarf, wie z.B. die Versorgung mit Büromaterial, einen Zuschlag von über 50% erhalten.

6.2 Simulation und Evaluation der Resultate

In der Simulation werden die FM-Kosten für ein Krankenhaus in Abhängigkeit von gegebenen Größenkennwerten ermittelt. Vorgehensweise bei der Simulation ist, dass die Größe eines Krankenhauses das Mengengerüst der FM-Dienstleistungen bestimmt. Weiter wird davon ausgegangen, dass die Menge der erbrachten Dienstleistungen den Preis beeinflusst. Aus diesem Grund wird über die simulierte Produktmenge ein Preis pro Produkteinheit ermittelt.

Durch die zweistufige Simulation der FM-Kosten ist die Möglichkeit gegeben, bei Bedarf lediglich die Produktmengen zu ermitteln und einen Plausibilitätscheck zu ermöglichen. Im Falle der Simulation eines reellen Falles können die simulierten Produktmengen auch realen Mengen gegenübergestellt werden.

6.2.1 Simulation der Produktmengen

Die Produktmengen können über die in Abschnitt 6.1.1 aufgestellten Formeln ermittelt werden. Es wird davon ausgegangen, dass der Fehler normalverteilt ist. Sollte der Größenwert, über den die Produktmengen am besten abgeschätzt werden kann, nicht verfügbar sein, kann die Simulation über den nächsten Größenkennwert erfolgen. Ausschlaggebend für die Reihenfolge der Größenkennwerte, die zur Simulation herangezogen werden, ist die Größe des Bestimmtheitsmaßes. Je größer das Bestimmtheitsmaß, desto höher die Wertigkeit der zugehörigen Formel und damit des zugehörigen Größenkennwerts.

6.2.2 Simulation der Produktkosten

Der abschließende Schritt dient der Ermittlung der Kosten. Die Simulation der Produktkosten erfolgt somit in drei Schritten, in denen die gewonnenen Erkenntnisse zusammengefasst werden.

Im ersten Schritt wird die Produktmenge auf der Basis von Größenkennwerten ermittelt. Nachfolgend werden die ProduktHerstellkosten auf Basis der Produktmengen festgestellt. Abschließend wird im dritten Schritt die Flächenkorrektur durchgeführt. Das Ergebnis ist eine Funktion für jedes Produkt im FM, die jeweils von einer Größenkennzahl abhängig ist.

6.2.2.1 Produkt „Flächenbereitstellung"

Die Fläche ist in dem vorliegenden Modell sowohl Kennwert für die Größe eines Krankenhauses als auch Kostentreiber für das Produkt „Flächenbereitstellung". Sollte die Fläche nicht bekannt sein, was in vielen Krankenhäusern der Fall ist, kann die Menge auch über andere Kenngrößen ermittelt werden.

Maßgebend für die Menge an Fläche, die für ein Krankenhaus benötigt wird, ist gemäß der Regressionsanalyse aus Abschnitt 6.1.1 der Etat. Der Zusammenhang wird dargestellt durch die Formel:

$$FL = 5 \cdot 10^{-4} \cdot ET - 1820 \tag{6.4}$$

Die Produktherstellkosten für die flächenbasierten Produkte in Abhängigkeit der Produktmenge werden durch die folgenden Formeln abgebildet:

$$K_{FL} = 292 \cdot FL - 970000 \tag{6.5}$$

$$K_{Reinigung} = 36,3 \cdot FL + 113000 \tag{6.6}$$

$$K_{IH\,Gebäude} = 69,9 \cdot FL - 728000 \tag{6.7}$$

$$K_{IH\text{-}techn.\,Anlagen} = 27,8 \cdot FL - 61300 \tag{6.8}$$

$$K_{Betreiben} = 3,27 \cdot FL + 115000 \tag{6.9}$$

$$K_{Außenanlagen} = 6,20 \cdot FL - 61000 \tag{6.10}$$

$$K_{Sicherheitsdienst} = 4,47 \cdot FL - 93500 \tag{6.11}$$

$$K_{Schädlingsbekämpfung} = 0,155 \cdot FL + 4060 \tag{6.12}$$

Wird die Fläche in den jeweiligen Formeln durch die Formel (6.4) substituiert, ergibt sich für jedes Produkt eine Formel, die die Herstellkosten für das Produkt in Abhängigkeit vom Etat (ET) darstellt.

$$K_{FL} = 0,15 \cdot ET - 1500000 \tag{6.13}$$

$$K_{Reinigung} = 0,0183 \cdot ET + 45900 \tag{6.14}$$

$$K_{IH\text{-}Gebäude} = 0,0349 \cdot ET - 855000 \tag{6.15}$$

$$K_{IH\text{-}techn.\,Anlagen} = 0,0139 \cdot ET - 112000 \tag{6.16}$$

$$K_{Betreiben} = 0,00164 \cdot ET + 109000 \tag{6.17}$$

$$K_{Außenanlagen} = 0,0031 \cdot ET - 72500 \tag{6.18}$$

$$K_{Sicherheitsdienst} = 0,00223 \cdot ET - 102000 \tag{6.19}$$

$$K_{Schädlingsbekämpfung} = 7,7 \cdot 10^{-5} \cdot ET + 3780 \qquad (6.20)$$

Unter Berücksichtigung der Flächenkorrekturfaktoren ergeben sich für die Produkte die folgenden Näherungsfunktionen der Produktkosten in Abhängigkeit einer Größenkennzahl.

$$K_{FL,korr} = 0,137 \cdot ET - -1410000 \qquad (6.21)$$

$$K_{Reinigung,korr} = 0,015 \cdot ET + 37600 \qquad (6.22)$$

$$K_{IH\text{-}Gebäude,korr} = 0,0304 \cdot ET - 744000 \qquad (6.23)$$

$$K_{IH\text{-}techn.\ Anlagen,korr} = 0,0119 \cdot ET - 96200 \qquad (6.24)$$

$$K_{Betreiben,korr} = 0,00142 \cdot ET + 95000 \qquad (6.25)$$

$$K_{Außenanlagen,korr} = 0,0026 \cdot ET - 60900 \qquad (6.26)$$

$$K_{Sicherheitsdienst,korr} = 0,0025 \cdot ET - 114000 \qquad (6.27)$$

$$K_{Schädlingsbekämpfung,korr} = 8,0 \cdot 10^{-5} \cdot ET + 3930 \qquad (6.28)$$

6.2.2.2 Produkt „Speisenversorgung"

Die Anzahl der Essen (AE), die vom FM hergestellt werden müssen, können gemäß der Regressionsanalyse am besten über die Anzahl der Planbetten (AB) abgebildet werden. Die zugehörige Formel lautet:

$$AE = 1030 \cdot AB + 29400 \qquad (6.29)$$

Die Produkt Herstellkosten für die Speisenversorgung in Abhängigkeit der Produktmenge werden durch die folgende Formel abgebildet:

$$K_{AE} = 2,20 \cdot AE + 163000 \qquad (6.30)$$

Dies entspricht einem Preis von ca. 2,20 Euro pro Essen zuzüglich eines Fixkostenanteils von ca. 160.000 Euro.

Wird die Anzahl Essen (AE) in der Formel (6.30) durch die Formel (6.29) substituiert und der Flächenkorrekturfaktor von 1,19 berücksichtigt, ergibt sich für die Speisenversorgung eine Näherungsformel, die die Produktkosten in Abhängigkeit von der Bettenanzahl (AB) darstellt:

$$K_{AE,korr} = 2690 \cdot AB + 271000 \qquad (6.31)$$

6.2.2.3 Produkt „Instandhaltung Medizintechnik"

In gleicher Form wie die Nutzfläche für das Produkt Flächenbereitstellung ist der Wiederbeschaffungswert der installierten Medizintechnik in dem vorliegenden Modell sowohl Kennwert für die Größe eines Krankenhauses als auch Kostentreiber für das Produkt Instandhaltung Medizintechnik. Sollte der Wiederbeschaffungswert nicht bekannt oder verfügbar sein, kann auch diese Größe über andere Kennwerte ermittelt werden.

Maßgebend für den installierten Wiederbeschaffungswert Medizintechnik, die in einem Krankenhaus benötigt wird, ist gemäß der Regressionsanalyse aus Abschnitt 6.1.1 der Etat. Der Zusammenhang wird dargestellt durch die Formel:

$$WBM = 0{,}477 \cdot ET - 6950000 \qquad (6.32)$$

Die Kosten für die Instandhaltung der installierten Medizintechnik in Abhängigkeit des Wiederbeschaffungswerts werden durch die folgende Formel abgebildet:

$$K_{IHM} = 0{,}0323 \cdot WBM + 256000 \qquad (6.33)$$

Somit ergeben sich Kosten für die Instandhaltung der Medizintechnik in Höhe von ca. 3,2% des installierten Wiederbeschaffungswertes zuzüglich einer fixen Summe von ca. 260.000 Euro.

Wird der Wiederbeschaffungswert (WBM) in der Formel (6.33) durch die Formel (6.32) substituiert und der Flächenkorrekturfaktor von 1,02 berücksichtigt, ergibt sich für die Instandhaltung der Medizintechnik eine Näherungsformel, die die Produktkosten in Abhängigkeit vom Etat (ET) darstellt:

$$K_{IHM,korr} = 0{,}0157 \cdot ET + 32200 \qquad (6.34)$$

6.2.2.4 Produkt „Wärmeversorgung"

Die Wärmemenge (W), die vom FM bereitgestellt werden muss, kann gemäß der Regressionsanalyse am besten über die Fläche (FL) abgebildet werden. Die zugehörige Formel lautet:

$$W = 441 \cdot FL - 4010000 \qquad (6.35)$$

Die Kosten für die Wärmeversorgung in Abhängigkeit von der gelieferten Wärmemenge werden durch die folgende Formel abgebildet:

$$K_W = 0{,}0304 \cdot W + 304000 \qquad (6.36)$$

Für die Wärmeversorgung entspricht dies einem Fixkostenanteil von ca. 300.000 Euro und einem mengenabhängigen Preis von ca. 3 Cent je kWh Wärme.

Wird die Wärmemenge (W) in der Formel (6.36) durch die Formel (6.35) substituiert und der Flächenkorrekturfaktor von 1,02 berücksichtigt, ergibt sich für die Wärmeversorgung eine Näherungsformel, die die Produktkosten in Abhängigkeit von der Fläche (FL) darstellt:

$$K_{W,korr} = 13{,}7 \cdot FL + 185000 \qquad (6.37)$$

6.2.2.5 Produkt „Wäscheversorgung"

Die Wäschemenge (W), die durch das FM gereinigt und geliefert werden muss, kann gemäß der Regressionsanalyse am besten über die Anzahl der Mitarbeiter (Köpfe) (MA_K) abgebildet werden. Die zugehörige Formel lautet:

$$WM = 0{,}394 \cdot MA_K - 71 \qquad (6.38)$$

Die Kosten für die Wäscheversorgung in Abhängigkeit von der Wäschemenge werden durch die folgende Formel dargestellt:

$$K_{WM} = 13{,}0 \cdot WM + 465000 \qquad (6.39)$$

Der mengenabhängige Preis pro Tonne Wäsche beträgt somit ca. 13 Euro. Hinzu kommt jedoch ein erheblicher fixer Anteil in Höhe von über 460.000 Euro.

Wird die Wäschemenge (WM) in der Formel (6.39) durch die Formel (6.38) substituiert und der Flächenkorrekturfaktor von 1,36 berücksichtigt, ergibt sich für die Wäscheversorgung eine Näherungsformel, die die Produktkosten in Abhängigkeit von der Anzahl der Mitarbeiter (Köpfe) (MA_K) darstellt:

$$K_{WM,korr} = 6{,}95 \cdot MA_K + 631000 \qquad (6.40)$$

6.2.2.6 Produkt „Stromversorgung"

Die Strommenge (STR), die vom FM bereitgestellt werden muss, kann gemäß der Regressionsanalyse am besten über die Anzahl der Vollzeitmitarbeiter (MA_V) abgebildet werden. Die zugehörige Formel lautet:

$$STR = 6800 \cdot MA_V + 160000 \qquad (6.41)$$

Die Kosten für die Bereitstellung und Lieferung von Strom in Abhängigkeit von der Strommenge werden durch die folgende Formel abgebildet:

$$K_{STR} = 0,102 \cdot STR - 122000 \qquad (6.42)$$

Aus dieser Formel ergibt sich ein Strompreis von 10 Cent pro Kilowattstunde. Bemerkenswert ist, dass in diesem Fall das absolute Glied negativ ist. Dies bedeutet, dass der Preis bei der Abnahme von geringeren Mengen niedriger ist, als bei der Abnahme von großen Mengen.

Wird die Strommenge (STR) in der Formel (6.42) durch die Formel (6.41) substituiert und der Flächenkorrekturfaktor von 1,04 berücksichtigt, ergibt sich für die Wäscheversorgung eine Näherungsformel, die die Produktkosten in Abhängigkeit von der Anzahl der Vollzeitmitarbeiter (MA_V) darstellt:

$$K_{STR,korr} = 718 \cdot MA_V - 110000 \qquad (6.43)$$

6.2.2.7 Produkt „DV-Dienste"

Die Anzahl der PCs (APC), die vom FM betreut werden müssen und für die eine entsprechende Infrastruktur vorgehalten werden muss, kann gemäß der Regressionsanalyse am besten über den Etat (ET) abgebildet werden. Die zugehörige Formel lautet:

$$APC = 9,31 \cdot 10^{-6} \cdot ET - 233 \qquad (6.44)$$

Die Kosten für die Bereitstellung und den Betrieb der DV-Infrastruktur in Abhängigkeit von der Anzahl PCs werden durch die folgende Formel berechnet:

$$K_{APC} = 599 \cdot APC + 272000 \qquad (6.45)$$

Pro PC ist somit jährlich mit 600 Euro Kosten zu rechnen. Hinzu kommt ein fixer Anteil von ca. 270.000 Euro.

Wird die Anzahl der PCs (APC) in der Formel (6.45) durch die Formel (6.44) substituiert und der Flächenkorrekturfaktor von 1,11 berücksichtigt, ergeben sich für die DV-Dienste eine Näherungsformel, die die Produktkosten in Abhängigkeit vom Etat (ET) darstellt:

$$K_{APC,korr} = 0,00619 \cdot ET + 147000 \qquad (6.46)$$

6.2.2.8 Produkt „Bettenversorgung"

Die Anzahl der Betten (AAB), die durch das FM aufbereitet und geliefert werden müssen, kann gemäß der Regressionsanalyse am besten über die Anzahl der Belegtage (BEL) abgebildet werden. Die zugehörige Formel lautet:

$$AAB = 0,101 \cdot BEL + 4150 \qquad (6.47)$$

Die Kosten für die Aufbereitung von Betten in Abhängigkeit von der Anzahl aufbereiteter Betten werden durch die folgende Formel dargestellt:

$$K_{AAB} = 9,26 \cdot AAB + 115000 \qquad (6.48)$$

Das aufbereitete Bett kostet somit ca. 9 Euro. Hinzu kommt ein mengenunabhängiger Fixkostenanteil von 115.000 Euro.

Wird die Anzahl aufbereiteter Betten (AAB) in der Formel (6.48) durch die Formel (6.47) substituiert und der Flächenkorrekturfaktor von 1,19 berücksichtigt, ergibt sich für die Bettenversorgung eine Näherungsformel, die die Produktkosten in Abhängigkeit von der Anzahl der Belegtage (BEL) darstellt:

$$K_{AABkorr} = 1,11 \cdot BEL + 183000 \qquad (6.49)$$

6.2.2.9 Produkt „Telefondienste"

Die Anzahl der Telefonanschlüsse (AT), die durch das FM betreut werden müssen, kann gemäß der Regressionsanalyse am besten über die Anzahl der Vollzeitmitarbeiter (MA_V) abgebildet werden. Die zugehörige Formel lautet:

$$AT = 1,59 \cdot MA_V - 410 \qquad (6.50)$$

Die Kosten für den Betrieb einer Telefonanlage in Abhängigkeit von der Anzahl der Telefonanschlüsse werden durch die folgende Formel berechnet:

$$K_{AT} = 140 \cdot AT + 119000 \qquad (6.51)$$

Der variable Anteil der Kosten für das Produkt „Telefondienste" beträgt 140 Euro pro Jahr. Dies entspricht 11,70 Euro pro Monat. Hinzu kommen Fixkosten in Höhe von ca. 120.000 Euro.

Wird die Anzahl der Telefonanschlüsse (AT) in der Formel (6.51) durch die Formel (6.50) substituiert und der Flächenkorrekturfaktor von 1,02 berücksichtigt, ergibt sich für die Telefondienste eine Näherungsformel, die die Produktkosten in Abhängigkeit von der Anzahl der Vollzeitmitarbeiter (MA_V) darstellt:

$$K_{AT,korr} = 227 \cdot MA_V + 63200 \qquad (6.52)$$

6.2.2.10 Produkt „Wasserversorgung"

Die Wassermenge (WAM), die durch das FM geliefert werden muss, kann gemäß der Regressionsanalyse am besten über die Anzahl der Mitarbeiter (Köpfe) (MA_K) abgebildet werden. Die zugehörige Formel lautet:

$$WAM = 78 \cdot MA_K - 27500 \qquad (6.53)$$

Die Kosten für die Bereitstellung, Lieferung und Entsorgung von Wasser in Abhängigkeit von der Verbrauchsmenge werden durch die folgende Formel dargestellt:

$$K_{WAM} = 3,75 \cdot WAM + 12800 \qquad (6.54)$$

Damit ergibt sich ein Produktpreis für die „Wasserversorgung" von 3,75 Euro pro m³ Wasser. Die zugehörigen Fixkosten sind für die Wasserversorgung mit ca. 13.000 Euro verhältnismäßig gering.

Wird die Wassermenge (WAM) in der Formel (6.54) durch die Formel (6.53) substituiert und der Flächenkorrekturfaktor von 1,04 berücksichtigt, ergibt sich für die Wasserversorgung eine Näherungsformel, die die Produktkosten in Abhängigkeit von der Anzahl der Mitarbeiter (Köpfe) (MA_K) darstellt:

$$K_{WAM,korr} = 304 \cdot MA_K - 93900 \qquad (6.55)$$

6.2.2.11 Produkt „Abfallentsorgung"

Die durch das FM zu entsorgende Abfallmenge (AM) kann gemäß der Regressionsanalyse am besten über die Anzahl der Fachabteilungen (AFA) abgebildet werden. Die zugehörige Formel lautet:

$$AM = 56 \cdot AFA - 104 \qquad (6.56)$$

Die Kosten für die Abfallentsorgung in Abhängigkeit von der Abfallmenge werden durch die folgende Formel abgebildet:

$$K_{AM} = 530 \cdot AM - 39800 \qquad (6.57)$$

Für die „Abfallentsorgung" ergibt sich somit ein Preis pro Tonne Abfall von 530 Euro. Das negative absolute Glied deutet darauf hin, dass große Krankenhäuser mit höheren Preisen für die Abfallentsorgung kalkulieren müssen.

Wird die Abfallmenge (AM) in der Formel (6.57) durch die Formel (6.56) substituiert und der Flächenkorrekturfaktor von 1,13 berücksichtigt, ergibt sich für die Abfallentsorgung eine Näherungsformel, die die Produktkosten in Abhängigkeit von der Anzahl der Fachabteilungen (AFA) darstellt:

$$K_{AE,korr} = 33500 \cdot AFA - 107000 \qquad (6.58)$$

6.2.2.12 Produkt „Transportdienste"

Die Anzahl der Patiententransporte (ATR), die durch das FM koordiniert und durchgeführt werden müssen, kann gemäß der Regressionsanalyse am besten über die Fläche (FL) abgebildet werden. Die zugehörige Formel lautet:

$$ATR = 0,704 \cdot FL - 13100 \qquad (6.59)$$

Die Kosten für die Durchführung von Patiententransporten in Abhängigkeit von der Anzahl der Transporte werden durch die folgende Formel abgebildet:

$$K_{ATR} = 1,44 \cdot ATR + 247000 \qquad (6.60)$$

Der variable Anteil je Transport ist mit ca. 1,40 Euro sehr gering. Der Fixkostenanteil ist mit ca. 250.000 Euro extrem hoch. In diesem Fall ist jedoch die extreme Streuung der Werte zu berücksichtigen. Das Bestimmtheitsmaß ist mit 0,07 sehr gering. Der Zusammenhang zwischen Produktmenge und Kosten ist für die Patiententransporte somit extrem schwach.

Wird die Anzahl der Transporte (ATR) in der Formel (6.60) durch die Formel (6.59) substituiert und der Flächenkorrekturfaktor von 1,17 berücksichtigt, ergibt sich für die Transportdienste eine Näherungsformel, die die Produktkosten in Abhängigkeit von der Fläche (FL) darstellt:

$$K_{ATR,korr} = 1,18 \cdot FL + 267000 \qquad (6.61)$$

6.2.2.13 Produkt „Sterilgutversorgung"

Die Anzahl der Sterilguteinheiten (STE), die durch das FM aufbereitet und geliefert werden müssen, kann gemäß der Regressionsanalyse am besten über die Anzahl der Fachabteilungen (AFA) abgebildet werden. Die zugehörige Formel lautet:

$$STE = 1020 \cdot AFA + 7340 \tag{6.62}$$

Die Kosten für die Bereitstellung von Sterilguteinheiten in Abhängigkeit der Anzahl aufbereiteter Einheiten werden durch die folgende Formel abgebildet:

$$K_{STE} = 6{,}78 \cdot STE - 40600 \tag{6.63}$$

Der Preis je Sterilguteinheit beträgt somit im variablen Anteil ca. 6,80 Euro je STE. Das negative absolute Glied der Formel ist von geringer Größe und sollte nicht überbewertet werden.

Wird die Anzahl der Sterilguteinheiten (STE) in der Formel (6.63) durch die Formel (6.62) substituiert und der Flächenkorrekturfaktor von 1,43 berücksichtigt, ergibt sich für die Sterilgutversorgung eine Näherungsformel, die die Produktkosten in Abhängigkeit von der Anzahl der Fachabteilungen (AFA) darstellt:

$$K_{STE,korr} = 9880 \cdot AFA + 13100 \tag{6.64}$$

6.2.2.14 Produkt „Fuhrpark"

Die Anzahl der Fahrzeuge im Fuhrpark (AF), die durch das FM bereitgestellt werden müssen, kann gemäß der Regressionsanalyse am besten über die Anzahl der Mitarbeiter (Köpfe) (MA_K) abgebildet werden. Die zugehörige Formel lautet:

$$AF = 0{,}0113 \cdot MA_K - 5{,}96 \tag{6.65}$$

Die Kosten für die Bereitstellung eines Fuhrparks in Abhängigkeit von der Anzahl der Fahrzeuge werden durch die folgende Formel abgebildet:

$$K_{AF} = 2290 \cdot AF + 70900 \tag{6.66}$$

Die Kosten mit denen jährlich je Fahrzeug gerechnet werden muss, betragen ca. 2.300 Euro. Hinzu kommt ein Fixkostenanteil von ca. 71.000 Euro.

Wird die Anzahl der Fahrzeuge (AF) in der Formel (6.66) durch die Formel (6.65) substituiert und der Flächenkorrekturfaktor von 1,26 berücksichtigt, ergibt sich für den

Fuhrpark eine Näherungsformel, die die Produktkosten in Abhängigkeit von der Anzahl der Mitarbeiter (Köpfe) (MA_K) darstellt:

$$K_{AF,korr} = 32,7 \cdot MA_K + 72200 \qquad (6.67)$$

6.2.2.15 Produkt „Hygiene"

Die Anzahl der Hygieneuntersuchungen (AHY), die durchgeführt werden müssen, kann gemäß der Regressionsanalyse am besten über die Fläche (FL) abgebildet werden. Die zugehörige Formel lautet:

$$AHY = 0,186 \cdot FL - 4330 \qquad (6.68)$$

Die Kosten für die Durchführung von Hygieneuntersuchungen in Abhängigkeit von der Anzahl der Untersuchungen werden durch die folgende Formel abgebildet:

$$K_{AHY} = 3,48 \cdot AHY + 55500 \qquad (6.69)$$

Es ergibt sich somit ein Preis je Hygieneuntersuchung von ca. 3,50 Euro. Hinzu kommen Fixkosten in Höhe von ca. 56.000 Euro.

Wird die Anzahl Hygieneuntersuchungen (AHY) in der Formel (6.69) durch die Formel (6.68) substituiert und der Flächenkorrekturfaktor von 1,07 berücksichtigt, ergibt sich für die Hygiene eine Näherungsformel, die die Produktkosten in Abhängigkeit von der Anzahl der Fläche (FL) darstellt:

$$K_{AHY,korr} = 0,692 \cdot FL + 43300 \qquad (6.70)$$

6.2.2.16 Produkt „Rundfunk und Fernsehen"

Die Anzahl der Fernsehgeräte (ATV), die durch das FM bereitgestellt und betreut werden müssen, kann gemäß der Regressionsanalyse am besten über die Anzahl der Operationssäle (AOP) abgebildet werden. Die zugehörige Formel lautet:

$$ATV = 13,2 \cdot AOP + 43,7 \qquad (6.71)$$

Die Kosten für die Bereitstellung von Rundfunk und Fernsehgeräten werden durch die folgende Formel in Abhängigkeit von der Anzahl der Fernsehgeräte abgebildet:

$$K_{ATV} = 143 \cdot ATV + 9180 \qquad (6.72)$$

Die jährlichen Kosten für die Bereitstellung eines Fernsehgerätes belaufen sich somit auf ca. 140 Euro. Weiter sind Fixkosten in Höhe von ca. 9.000 Euro zu berücksichtigen. Wird die Anzahl der Fernsehgeräte (ATV) in der Formel (6.72) durch die Formel (6.71) substituiert und der Flächenkorrekturfaktor von 1,10 berücksichtigt, ergibt sich für das Produkt „Rundfunk und Fernsehen" eine Näherungsformel, die die Produktkosten in Abhängigkeit von der Anzahl der Operationssäle (AOP) darstellt:

$$K_{ATV,korr} = 2070 \cdot AOP + 17000 \qquad (6.73)$$

Viele der Produkte werden von großen Krankenhäusern in größerer Anzahl benötigt. Dies drückt sich im negativen Absoluten Glied wie bereits in Abschnitt 6.1.1 dargestellt aus. Die Kostenfunktionen hingegen haben in der Mehrzahl (12 von 15 Funktionen) ein positives absolutes Glied. Dies bedeutet, dass Fixkosten, die unabhängig von der Krankenhausgröße und der Produktmenge sind, kleine Krankenhäuser stärker belasten als Große. Bei den flächenbasierten Produkten ergibt sich in der Gesamtbetrachtung ein negatives absolutes Glied sowohl bei den Kosten als auch bei der Menge. In der Gesamtbetrachtung ergeben sich daraus ein Vorteil in Bezug auf die Mengen für die kleinen Krankenhäuser und ein Vorteil in Bezug auf die Kosten für die großen Krankenhäuser.

6.3 Benchmarking von Realdaten über das Verrechnungssystem (Abel und Lennerts 2006b)

Der Kostenanteil des Produktes (P_P) an den Gesamtkosten für das FM (C_{FM}) wurde definiert als:

$$P_P = \frac{C_P}{C_{FM}} \qquad (6.74)$$

6.3.1 Statistische Abweichungen als Indikator

Die vorhandene Datenbasis bestehend aus Produktmengen, Produktkosten und damit Produktpreisen je Produkteinheit für jedes einzelne Krankenhaus ermöglicht auch eine statistische Bewertung der Produktpreise.

Für die Bestimmung des Einsparpotentials wurde folgende Vorgehensweise gewählt. Die Produktkosten je Produkteinheit seien die Produktkosten C_P. Die Abweichung des

Istwertes der Produktkosten vom Mittelwert $\overline{C_P}$ wurde als absolutes Einsparpotential S_P definiert:

$$S_P = C_P - \overline{C_P} \tag{6.75}$$

Das relative Einsparpotential s_P wird gebildet indem das Einsparpotential durch den Mittelwert dividiert wird.

$$s_P = \frac{S_P}{\overline{C_P}} \tag{6.76}$$

Wird S_P durch (6.75) ersetzt, ergibt sich

$$s_P = \frac{C_P - \overline{C_P}}{\overline{C_P}} \tag{6.77}$$

Weiter sei ein Einflussfaktor (if) definiert, der das relative Einsparpotential bezogen auf die Gesamtheit der FM Kosten wiedergibt:

$$if_P = s_P \cdot P_P \tag{6.78}$$

Somit existieren zu jedem Produkt drei Informationen. Zu jedem Produkt ist bekannt, welchen Anteil es an den Gesamtkosten des FM hat. Jedem Produkt kann ein individuelles Einsparpotential zugewiesen werden. Zusätzlich ist es möglich, den Einfluss des individuellen Einsparpotentials auf die Gesamtkosten im FM zu quantifizieren. Über diese drei Informationen können unmittelbare Aussagen über einzelne Produkte getroffen werden, die eine Optimierung der Gesamtkosten im FM betreffen.

Für eine einfache und schnelle Analyse können die Ergebnisse in einer Grafik aufbereitet werden.

6.3.2 Visualisierung der Ergebnisse

Die Informationen über Kostenanteil, Einsparpotential und Einflussfaktor können optimal in einem Blasendiagramm dargestellt werden. Der X-Achse wird der Kostenanteil zugeordnet. Auf der Y-Achse ist das Einsparpotential aufgetragen. Der Einflussfaktor wird über die Größe der Blasen dargestellt.

Die Größe des Einflussfaktors nimmt in Richtung der Winkelhalbierenden des Koordinatensystems zu (siehe Abbildung 29).

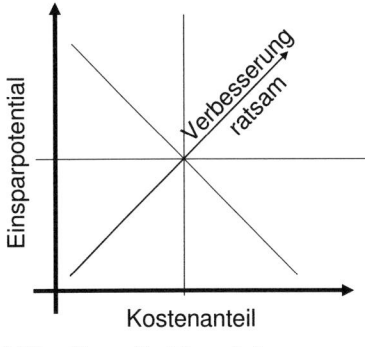

Abbildung 29:   Darstellungsprinzip

Für ein einfaches Ablesen des Einflussfaktors können in das Koordinatensystem Linien gleichen Einflussfaktors eingezeichnet werden. Aus Gleichung (6.78) folgt, dass diese Linien in Form von Hyperbeln im Koordinatensystem verlaufen.

Für die Visualisierung wurden die Produkte ohne Einsparpotential bzw. Produktkosten, die unterhalb des Mittelwertes liegen, außer Acht gelassen. Somit werden Produkte, bei denen ein Krankenhaus besser als der Durchschnitt ist, nicht in der Grafik dargestellt. Die Größe der Blasen orientiert sich nach dem Produkt mit dem größten Einflussfaktor. Somit ist das Produkt mit dem größten Einflussfaktor auf die Gesamtheit der FM Kosten immer an der größten Blase erkennbar.

6.3.3 Ergebnisse des Benchmarking

Zunächst wird die Übersicht über alle Krankenhäuser betrachtet. Für die Darstellung des Einsparpotentials wurde in diesem Fall der Variationskoeffizient herangezogen. Der Variationskoeffizient ergibt sich aus der Division der Standardabweichung durch den Mittelwert der Produktpreise.

$$VC_P = \frac{\sigma_{C_P}}{\overline{C_P}} \qquad (6.79)$$

Die Standardabweichung als Maß für die Streuung der Werte wurde als Maß für mögliche Einsparungen gewählt. Dies impliziert, dass die Streuung der Produktpreise aus der unterschiedlichen Art der Erbringung der Dienstleistung resultiert. Hierzu müssen zwei Voraussetzungen erfüllt sein:

113

Es müssen die Mittelwerte auf einer statistisch validen Grundlage basieren und die Datenerhebung muss ohne Fehler in der Kostenzuordnung bzw. Produktmengenerhebung erfolgen.

Für die Betrachtung des Produktportfolios im FM über alle beteiligten Krankenhäuser ergibt sich das in Abbildung 30 dargestellte Bild.

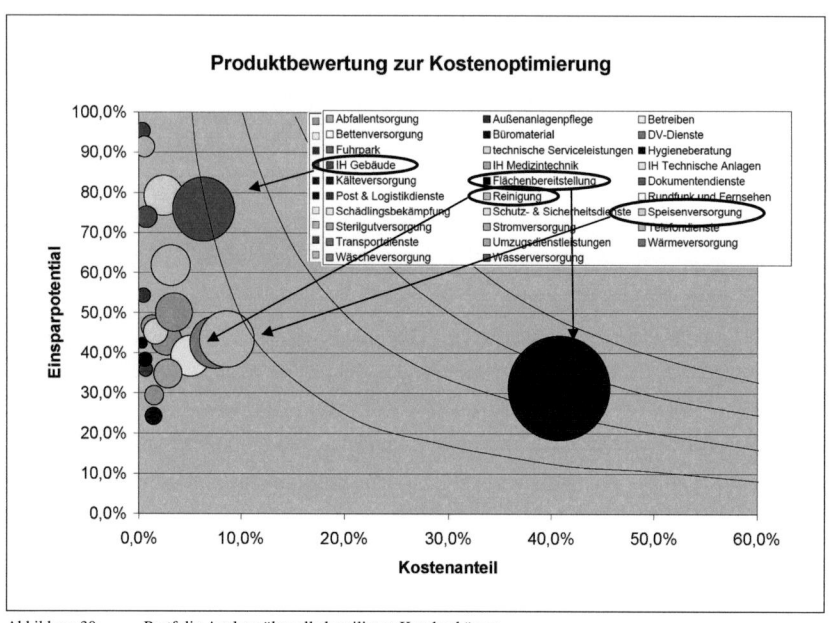

Abbildung 30: Portfolio Analyse über alle beteiligten Krankenhäuser

Die Abbildung zeigt, dass der Einflussfaktor auf die Gesamtkosten im FM im Krankenhaus bei der Flächenbereitstellung am größten ist (12,8%). Als Produkte mit den nächst größeren Einflussfaktoren sind die Instandhaltung der Gebäude (4,8%) sowie die Speisenversorgung (3,7%) und die Reinigung (3,2%) zu nennen.

Für ein einzelnes Krankenhaus ergibt sich ein wesentlich differenzierteres Bild. Im Folgenden sind zwei Extreme dargestellt.

Für ein Haus mit sehr geringem Einsparpotential ergibt sich folgendes Bild (Abbildung 31).

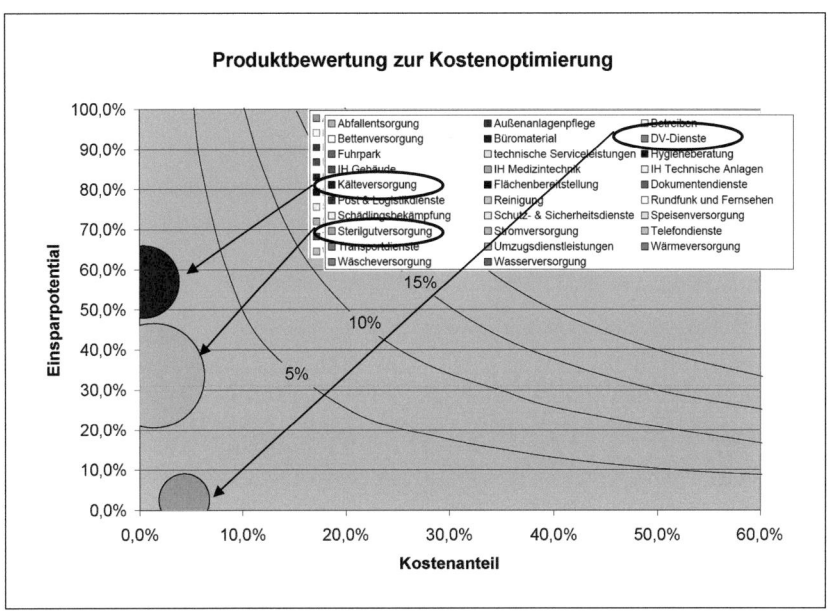

Abbildung 31: Portfolio Analyse für ein Krankenhaus mit geringem Einsparpotential

Auf den ersten Blick wird deutlich, dass keines der Produkte für sich ein Einsparpotential von mehr als 5% – bezogen auf die gesamten FM Kosten – erwarten lässt. Dennoch ist das Produkt mit dem größten zu erwartenden Einfluss auf die Gesamtkosten im FM – in diesem Fall handelt es sich um die Sterilgutversorgung - an der größten Blase erkennbar. Das Ergebnis der Analyse kann schnell zusammenfassend abgelesen werden. Lediglich drei Produkte zeigen ein erkennbares Einsparpotential. Für die Produkte, bei denen noch ein Einsparpotential erkennbar ist, sind die Werte für den Kostenanteil, das Einsparpotential und der zugehörige Einflussfaktor in Tabelle 10 dargestellt.

Produkt	Kostenanteil	Einsparpotential	Einflussfaktor
Sterilgutversorgung	1,3%	33,6%	0,4%
Kälteversorgung	0,4%	57,0%	0,2%
DV-Dienste	4,3%	2,6%	0,1%

Tabelle 10: Ergebnis der Analyse von Krankenhaus A

Das Produkt „Kälteversorgung" hat trotz eines Einsparpotentials von annähernd 60% kaum Einfluss auf die Kosten im FM, da es lediglich einen Anteil von 0,4% an den Gesamtkosten im FM hat. Selbst die Erschließung aller Einsparpotentiale für das FM in diesem Krankenhaus würde die FM-Kosten lediglich um 0,7% senken. Dies bedeutet, dass dieses Haus das Benchmarking anführt. Das heißt jedoch nicht, dass keine Verbesserungsmöglichkeiten im Haus vorhanden sind.

Im Gegensatz zum ersten Fall ist in Abbildung 32 ein Krankenhaus dargestellt, welches eine Vielfalt von Einsparpotentialen bietet. Es handelt sich dabei – wohlgemerkt – nicht um das Haus, das am schlechtesten im Benchmarking abgeschnitten hat.

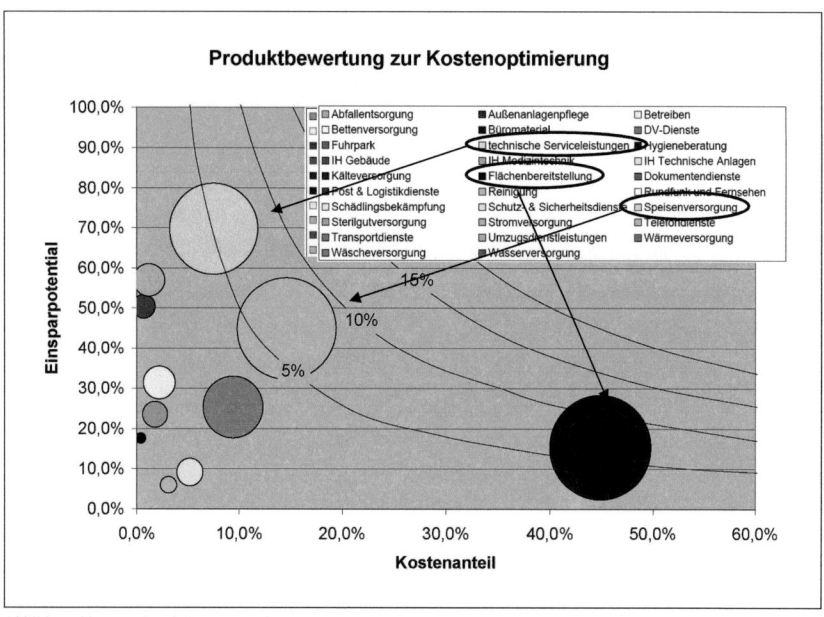

Abbildung 32:   Portfolio Analyse für ein Krankenhaus mit diversen Einsparpotentialen

Das Augenmerk richtet sich bei dieser Analyse direkt auf die drei Blasen, bei denen der Einflussfaktor oberhalb von 5% liegt. Es handelt sich um die „Flächenbereitstellung" mit einem Einflussfaktor von 6,9%, die „Speisenversorgung" mit einem Einflussfaktor von 6,2% und die „technischen Serviceleistungen" mit einem Einflussfaktor von 5,2%.

Die Erschließung dieser Potentiale allein würde dem Haus Einsparung in den FM-Kosten in Höhe von 18,3% einbringen.

Die Ergebnisse der Gesamtanalyse sind in der Übersicht in Tabelle 11 dargestellt.

Produkt	Kostenanteil	Einsparpotential	Einflussfaktor
Kaltmiete	44,9%	15,3%	6,9%
Speisenversorgung	14,6%	44,9%	6,6%
Technische Serviceleistungen	7,5%	69,8%	5,2%
Reinigung	9,4%	25,3%	2,4%
Bettenversorgung	2,2%	31,4%	0,7%
Sterilgutversorgung	1,2%	57,0%	0,7%
IH Medizintechnik	5,2%	9,2%	0,5%
Wasserversorgung	1,8%	23,5%	0,4%
Kopier- und Druckereidienste	0,7%	50,4%	0,3%
Wäscheversorgung	3,1%	6,0%	0,2%
Rundfunk und Fernsehen	0,4%	57,0%	0,2%
Hygieneberatung	0,4%	17,6%	0,1%

Tabelle 11:   Ergebnis der Analyse von Krankenhaus B

In der Summe kann ein Einfluss von über 24% der auf die gesamten FM-Kosten durch die ermittelten Einsparpotentiale ausgeübt werden. Bei der Auswahl der Produkte und damit Prozesse, die vorrangig untersucht werden sollten, ist neben dem Einflussfaktor auch das Einsparpotential von Interesse. **Je höher der Kostenanteil des Produktes ist, desto stärker wirkt sich eine Einsparung auf die Gesamtkosten im FM aus.** So sollte zum Beispiel bei der Auswahl, ob zunächst die Bettenversorgung oder die Sterilgutversorgung zu optimieren ist, berücksichtigt werden, dass jedes Prozent Verbesserung in der Bettenversorgung einen stärkeren Einfluss auf die FM-Gesamtkosten hat.

7 Größenindex für Krankenhäuser

Die starken Korrelationen zwischen Größenkennwerten und Produktmengen legen die Vermutung nahe, dass die Anzahl der Größenkennwerte reduziert werden kann bzw. die Krankenhausgröße durch einen oder wenige Kennwerte vollständig ersetzt werden kann. Zur Überprüfung dieser Vermutung wurde eine Hauptkomponentenanalyse durchgeführt.

7.1 Hauptkomponentenanalyse

Die Hauptkomponentenanalyse benötigt eine größere Anzahl n von Objekten, als die an diesen beobachteten Merkmale p. Insgesamt wurden in der Datenerhebung über 60 Merkmale erfasst. Da die Anzahl Objekte, also Krankenhäuser, 13 beträgt, wurde für die Hauptkomponentenanalyse eine Auswahl an Variablen getroffen. Anhand von drei verschiedenen Sätzen von Merkmalen, wurde die Anzahl der Faktoren bestimmt.

7.1.1 Erster Merkmalssatz

Ausgewählt wurden für den ersten Satz 12 Merkmale, die aus den vorangegangenen Analysen als besonders wichtig hervorgegangen sind. Aus der ABC-Analyse sind dies die Merkmale der Produktkosten für die 6 kostenintensivsten Produkte. Weiter wurde aus dem Bereich der Merkmale, die für die medizinische Leistung und Größe eines Krankenhauses repräsentieren, 6 ausgewählt. Die verwendeten Merkmale sind in Tabelle 12 zusammenfassend dargestellt.

Größenmerkmale	Kostenmerkmale
Betten	Kaltmiete
Belegtage	Speisenversorgung
Mitarbeiter (Köpfe)	Reinigung
Patienten	IH Gebäude
Fläche	IH Medizintechnik
OP's	IH technische Anlagen

Tabelle 12:   Merkmale zum ersten Satz

Für die Hauptkomponentenanalyse lagen somit 13 gültige Fälle vor. Die maximale Anzahl an Faktoren wurde auf 7 gesetzt und der minimale Eigenwert auf 0,05. Die Analyse ergab eine Anzahl an extrahierten Faktoren von 5. Die zugehörigen Eigenwerte sind in Tabelle 13 dargestellt.

Eigenw.	% gesamt Varianz	kumul. Eigenw.	kumul. %
1	10,39	86,62	10,39	86,62
2	0,76	6,30	11,15	92,92
3	0,50	4,19	11,65	97,12
4	0,24	1,98	11,89	99,10
5	0,06	0,47	11,95	99,56

Tabelle 13:   Eigenwerte der Faktoren zum ersten Satz

In der grafischen Darstellung (Abbildung 33) wird deutlich, dass die Differenz der Eigenwerte zwischen dem ersten und zweiten Faktor extrem groß ist. Auch wenn der erste Faktor nicht in der Lage ist, über 90% der Varianz zu erklären, so liegen die Eigenwerte der weiteren extrahierten Faktoren unterhalb von 1. Revenstorf (Revenstorf 1976), S. 207 erläutert hierzu, „dass Faktoren, mit Eigenwerten kleiner Eins weniger Varianz repräsentieren, als eine einzelne der Ausgangsvariablen, die es ja grade wegen ihrer Bedeutungslosigkeit zusammenzufassen galt. Solche Faktoren sind noch weniger repräsentativ für einen gemeinsamen Einfluss als die einzelnen Ausgangsvariablen und können daher unbeachtet bleiben."

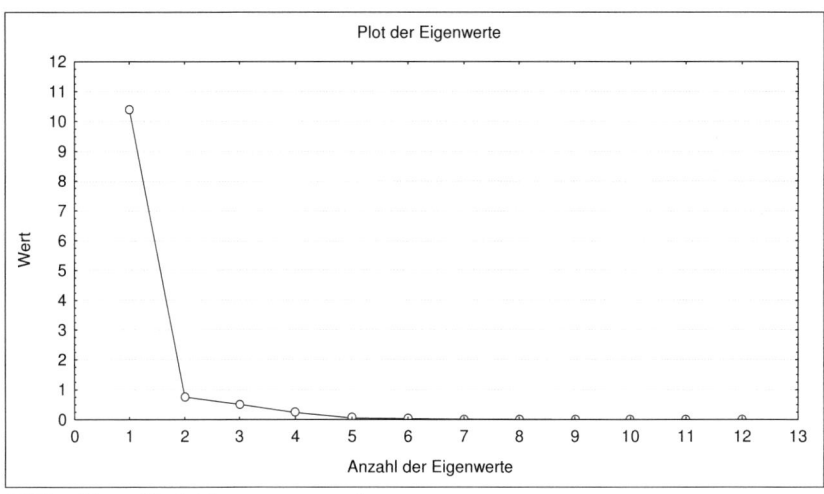

Abbildung 33:   Plot der Eigenwerte zum ersten Satz

7.1.2 Zweiter Merkmalssatz

Für den zweiten Satz wurden Merkmale aus dem Bereich der Produktmengen und Größenmerkmale ausgewählt. Da nur von 9 Krankenhäusern Daten zu Produktmengen vorliegen, wurden zusätzlich zu den bereits im ersten Satz verwendeten Größenmerkmalen 3 Produktmengen ausgewählt. Vorteilhaft für das Gesamtbild ist, dass mit der Fläche ein Größenmerkmal verwendet wird, das gleichzeitig auch Produktmenge ist. Somit sind in diesem Satz 6 Größenmerkmale und 4 Produktmengenmerkmale enthalten. Die verwendeten Merkmale sind in Tabelle 14 dargestellt.

Größenmerkmale	Produktmengenmerkmale
Betten	Fläche
Belegtage	Anzahl Essen
Mitarbeiter (Köpfe)	Wiederbeschaffungswert Medizintechnik
Patienten	Anzahl PC's
Fläche	
OP's	

Tabelle 14:   Merkmale zum zweiten Satz

Für die Hauptkomponentenanalyse lagen somit 9 gültige Fälle vor. Die maximale Anzahl an Faktoren wurde auf 7 gesetzt und der minimale Eigenwert auf 0,05.

Die Analyse ergab eine Anzahl an extrahierten Faktoren von 4. Die zugehörigen Eigenwerte sind in Tabelle 15 dargestellt.

Eigenw.	% gesamt Varianz	kumul. Eigenw.	kumul. %
1	8,38	93,13	8,38	93,13
2	0,36	4,02	8,74	97,14
3	0,13	1,48	8,88	98,63
4	0,07	0,75	8,94	99,37

Tabelle 15:   Eigenwerte der Faktoren zum zweiten Satz

In diesem Fall ist der erste Faktor bereits in der Lage über 90% der Varianz zu erklären. Die Eigenwerte der Faktoren 2, 3 und 4 liegen beim ersten Satz unterhalb von 1. Auch wenn die geringere Anzahl an gültigen Fällen das Ergebnis beeinflusst, so wird durch diese Analyse der Ansatz untermauert, dass die Produktmenge im FM durch die Krankenhausgröße maßgeblich bestimmt wird.

7.1.3 Dritter Merkmalssatz

Im dritten Satz wurden ausschließlich Größenmerkmale berücksichtigt. Ausgenommen wurde lediglich der Wiederbeschaffungswert Medizintechnik, da hierzu lediglich bei 9 Objekten Werte vorlagen. Somit wurden die in Tabelle 16 dargestellten Größenmerkmale für die Hauptkomponentenanalyse herangezogen.

Größenmerkmale
Betten
Belegtage
Mitarbeiter (Köpfe)
Mitarbeiter (Vollzeit)
Patienten
Fläche
OP's
Fachabteilungen
Etat

Tabelle 16:   Merkmale zum dritten Satz

Für die Hauptkomponentenanalyse lagen somit 11 gültige Fälle vor. Die maximale Anzahl an Faktoren wurde auf 7 gesetzt und der minimale Eigenwert auf 0,05.

Die Analyse ergab eine Anzahl an extrahierten Faktoren von 3. Die zugehörigen Eigenwerte sind in Tabelle 17 dargestellt.

Eigenw.	% gesamt Varianz	kumul. Eigenw.	kumul. %
1	8,38	93,14	8,38	93,14
2	0,43	4,76	8,81	97,90
3	0,12	1,39	8,94	99,90

Tabelle 17:   Eigenwerte der Faktoren zum dritten Satz

Bereits die geringe Anzahl von lediglich 3 extrahierten Faktoren zeigt, dass dieser Satz von Merkmalen besser zu erklären ist. Auch hier dominiert der erste Faktor mit einem Anteil der erklärten Varianz von über 90%. Der zweite Faktor hat zwar noch einen Anteil von annähernd 5%, jedoch haben die Faktoren 2 und 3 Eigenwerten unter 1.

Für die drei extrahierten Faktoren ergeben sich die in Tabelle 18 dargestellten Faktorladungen.

	Faktor 1	Faktor 2	Faktor 3
Mitarbeiter (Vollzeit)	0,99	-0,09	-0,06
Betten	0,98	0,16	0,09
Mitarbeiter (Köpfe)	0,98	-0,00	-0,20
Etat	0,97	-0,12	-0,11
Patienten	0,97	0,18	0,12
Belegtage	0,96	0,24	0,10
HNF	0,95	-0,29	0,10
Fachabteilungen	0,95	-0,30	0,08
OP's	0,94	0,30	-0,13

Tabelle 18:   Faktorladungen zu den Faktoren aus dem dritten Satz

Der Einfluss des jeweiligen Faktors auf das entsprechende Merkmal wird durch die Faktorladung dargestellt. Der erste, als Krankenhausgröße interpretierte Faktor, hat durchweg positive Faktorladungen. Die große Nähe an 1 zeigt, dass die Merkmale maßgeblich durch diesen Faktor bestimmt werden und erklärbar sind. Alle Faktorladungen für den ersten Faktor sind positiv. Das heißt, dass alle Merkmale mit Zunahme des ersten Faktors steigen. Der zweite Faktor liefert dann noch Zu- bzw. Abschläge in größtenteils vernachlässigbar geringer Form. Die Faktorladungen spiegeln umgekehrt auch den Einfluss des jeweiligen Merkmals auf den Faktor wider.

So könnte die Krankenhausgröße durch die benannten Merkmale unter Berücksichtigung der Faktorladungen errechnet werden.

7.1.4 Ergebnis der Hauptkomponentenanalyse

Das Ergebnis der Hauptkomponentenanalyse deutet darauf hin, dass die Größe eines Krankenhauses ausschlaggebend für die Produktmengen im FM ist. Weitere Faktoren scheinen dabei nur von geringer Bedeutung und können nach Revenstorf (Revenstorf 1976) unberücksichtigt bleiben.

Die Produktmengen sind dabei besser durch die Krankenhausgröße erklärbar als die zugehörigen Kosten. Dieses wiederum bestätigt die Annahme, dass es günstig ist, zunächst die Produktmengen auf Basis von Größenmerkmalen zu bestimmen und anschließend die Produktkosten auf Basis der Produktmengen.

Der nicht beobachtbare Faktor Krankenhausgröße kann aus den erhobenen Merkmalen berechnet werden. Diese berechnete virtuelle Krankenhausgröße kann dann für die Berechnung der Produktmengen im FM herangezogen werden.

8 Zusammenfassung und Ausblick

In der vorliegenden Arbeit wird ein Produktmodell vorgestellt, welches in der Lage ist, das Facility Management im Krankenhaus aus Sicht der medizinischen Bereiche voll umfassend abzubilden. Die Produkte als Bindeglied zwischen dem Anbieter von FM-Leistungen und deren Abnehmern wurden so beschrieben, dass sie gleichzeitig als Verrechnungsgröße genutzt werden können.

Für die kontinuierliche Verrechnung und das zugehörige Controlling von FM-Leistungen wird in der Arbeit ein Verrechnungssystem dargestellt, über das alle Aufwände, die im FM entstehen, verursachergerecht und transparent der innerbetrieblichen Leistungsverrechnung zugeführt werden können. Das System wurde dabei einfach gehalten und ist dennoch in der Lage bei umfassender Anwendung Marktpreise abzubilden. Somit können Insourcing oder Outsourcing Entscheidungen auf Basis von belastbaren Zahlen getroffen werden.

Auf Basis des vorliegenden Produktmodells und Verrechnungssystems wurden Auswertungen über die praktischen Auswirkungen und Anwendungsmöglichkeiten angefertigt. Grundlage hierfür sind detaillierte Daten aus 13 deutschen Krankenhäusern, die im Rahmen des Forschungsprojekts OPIK erhoben wurden. So ist über das System eine Benennung der kostenintensiven Produkte möglich. Über den Vergleich mit statistischen Werten kann über das System eine genaue Quantifizierung des zu erwartenden Einsparpotentials bei konkreten Produkten erfolgen.

Das Facility Management im Krankenhaus ist in der Lage, einen substantiellen Beitrag zur Kostendämpfung im Gesundheitswesen zu leisten. Durch die Anwendung des in dieser Arbeit beschriebenen Systems und die daraus resultierende Steigerung der Professionalität in der Leistungserbringung sowie die Reduktion der konsumierten Produktmengen durch verantwortungsvollen Umgang, sind Kosteneinsparungen von 10% für den Bereich des FM in jedem Fall zu erreichen. Bei den eingangs genannten 18 Mrd. Euro entspricht dies einem Einsparpotential von 1,8 Mrd. Euro. **Das Besondere an diesem Einsparpotential ist, dass die medizinische Leistung des Krankenhauses nicht zwangsläufig dadurch beeinflusst wird.**

Neben den Einsparungen, die erzielt werden können, hat das System darüber hinaus einen direkten Einfluss auf die Erbringung der Primärleistungen. Dem Primärprozess wird durch die Produktorientierung verdeutlicht, wie dieser durch die Leistungen des

FM unterstützt wird. Eine Abstimmung und Optimierung der Arbeitsumgebung auf die Bedürfnisse des Primärprozesses wird durch qualitativ und quantitativ bewertbare Produkte gefördert bzw. erst möglich gemacht. Durch die starke Kundenorientierung des Systems wird die Akzeptanz durch den Abnehmer der FM-Produkte maximiert. Das System ist in seinen Grundprinzipien aus dem Alltag – wie z.b. bei Mietverhältnissen – bekannt und ist somit gut vergleich- und argumentierbar. Weiter verbessert und entwickelt werden kann das System im Bereich der qualitativen Beschreibung der Produkte. Immer unter der Prämisse, dass Aufwand und Nutzen in Einklang miteinander stehen müssen, können Produkte in ihrer Qualität genauer definiert und erfasst werden. Über eine solche Definition von Servicelevels ist es weiter möglich, die vertraglichen Regelungen zwischen Kunde und FM-Dienstleister zu vereinfachen und die Freiheit in der Leistungserbringung und somit die Innovationskraft auf Seiten des FM-Dienstleisters zu erhöhen.

Der Beitrag, den dass FM zur Funktion eines Krankenhauses leistet, ist sehr groß. Dies wird schon allein am Umfang an den Gesamtkosten eines Krankenhauses von ca. 30% deutlich. In Hinblick auf die heutigen wirtschaftlichen Zwänge ist hier eine Professionalisierung in den Krankenhäusern unabdingbar. Dabei geht ein professionelles Handeln weit über die reine Erbringung der Dienstleistung hinaus und muss in einem Controllingsystem Berücksichtigung finden. Das Verrechnungssystem versetzt den Facility Manager in die Lage, professionell zu handeln UND sich an Ergebnissen messen zu lassen. Es versetzt aber auch den Auftraggeber in die Lage, auf Basis von Leistungsinhalten, Qualitäten und vergleichbaren Preisen professionelle Entscheidungen in Bezug auf die Leistungserbringung zu treffen. Eine „make or buy" Entscheidung wird heute noch zu sehr auf Basis von Befindlichkeiten getroffen. Mit dem System können Entscheidungen auf Basis von Wissen getroffen werden, Ziele konkret vereinbart und bei nicht Erreichen dieser Ziele entsprechende Konsequenzen gezogen werden. Das ist professionelles Management.

Die bisherigen Untersuchungen und Analysen des Systems haben vor allem eins deutlich gemacht: Die FM-Kosten im Krankenhaus werden maßgeblich durch den veränderten Bedarf an FM-Leistungen bestimmt. Die Menge dieser Leistungen oder die Produktmenge wird dabei in erster Linie von der Größe eines Krankenhauses bestimmt. Die Hauptkomponentenanalyse hat gezeigt, dass ein Krankenhaus aus der Sicht des FM wahrscheinlich durch einen einzelnen Faktor ausreichend beschrieben werden kann. Weitere Untersuchungen (z.B. durch die WGKT) werden hierzu durchgeführt. Sollte das bestätigt werden, kann dieser Größenkennwert für vergleichende Betrachtungen allein benutzt werden. Die Vergleichbarkeit von Kosten und Leistungen des FM im Krankenhaus ist eine große Stärke des entwickelten Systems. Die generierten Benchmarks und die entwickelte Systematik ermöglichen eine schnelle und aussagekräftige Beurteilung des FM auf Basis von vorhandenen oder leicht zu erhebenden Daten. Die umfangreiche Erfahrung aus dem Forschungsprojekt OPIK zusammen mit der in dieser Arbeit dargestellten Methodik ermöglichen es, die Sekundärprozesse in Krankenhäusern umfassend zu beurteilen. Angefangen bei der schnellen ersten Einschätzung über die systematische – sich selbst regelnde – Steuerung bis hin zur detaillierten Analyse und Optimierung der Details eines Prozesses. Für die Praxis steht damit eine ganze Palette an Möglichkeiten zur Analyse und Optimierung von Prozessen in Krankenhäusern zur Verfügung.

Eine weitere Untersuchung der Zusammenhänge zwischen Krankenhausgröße und Produktmengen im FM ist äußerst sinnvoll. Zum einen bleibt zu überprüfen, ob größere Produktmengen zu entsprechend niedrigeren Produktpreisen im Sinne einer „economies of scale" führen. Zum anderen deuten die Ergebnisse der linearen Regression zum Teil darauf hin, dass die Produktmenge mit zunehmender Krankenhausgröße überproportional zunimmt. Eine Untersuchung mit nicht linearen Methoden erscheint für die Erklärung der Zusammenhänge sinnvoll und steht noch aus. Hierzu ist jedoch eine breitere Datenbasis zwingend notwendig. Vorteil einer solchen Untersuchung wäre es, dass als Ergebnis eine Bandbreite für die Krankenhausgröße ermittelt werden könnte, die aus Sicht des FM besonders wirtschaftlich ist.

9 Anlage 1: Erhebungsbogen

OPIK

Universität Karlsruhe (TH)
Prof. Dr.-Ing. Kunibert Lennerts
Facility Management

Krankenhaus

Trägerschaft

Versorgungsstufe

Bettenzahl

Anzahl stationäre Patienten

Belegtage

Anzahl Mitarbeiter

Anzahl Mitarbeiter (vollzeit)

Anzahl Fachabteilungen

Anzahl OP-Säle

Anzahl durchgeführte Operationen

Case-Mix-Index

BGF m^2 NNF m^2

NGF m^2 VF m^2

HNF m^2 FF m^2

Gesamtetat in Euro

Anlage 1: Erhebungsbogen

OPIK

Universität Karlsruhe (TH)
Prof. Dr.-Ing. Kunibert Lennerts
Facility Management

Krankenhaus

Bettenzahl   HNF   m²

Anzahl PC's   Anzahl TV Geräte:

Anzahl Telefonanschlüsse:

Wäscheleistung: Tonnen

Anzahl Hygieneuntersuchungen:

Anzahl Sterilguteinheiten:

Anzahl aufbereitete Betten:

Anzahl Essen:

Frühstück: Mittag: Abend:

Wärmeverbrauch: kWh

Kälteverbrauch: kWh

Stromverbrauch: kWh

Wasserverbrauch: m³

Wiederbeschaffungswert Medizintechnik: Euro

Gesamtmenge Abfall: Tonnen

Anzahl Patiententransporte:

Anzahl Fahrzeuge gesamter Fuhrpark:

Universität Karlsruhe (TH)
Prof. Dr.-Ing. Kunibert Lennerts
Facility Management

Kostendaten

Im Projekt OPIK wurden den einzelnen Kostengruppen bereits Leistungen bzw. Produkte zugeordnet. Aus diesem Grund benötigen wir teilweise die Daten für jedes einzelne Konto und teilweise nur eine Gesamtsumme für die Kontengruppe.

Für die Sachkosten

65	Lebensmittel und bezogene Leistungen	mit Kostendaten für alle Unterkonten
67	Wasser, Energie, Brennstoffe	mit Kostendaten für alle Unterkonten
68	Wirtschaftsbedarf	mit Kostendaten für alle Unterkonten
69	Verwaltungsbedarf	mit Kostendaten für alle Unterkonten
72	Instandhaltung	mit Kostendaten für alle Unterkonten
73	Steuern, Abgaben, Versicherungen	mit Kostendaten für alle Unterkonten
74	Zinsen und ähnliche Aufwendungen	Gesamtsumme für die Kontengruppe
75	Auflösung von Ausgleichsposten und Zuführung der Fördermittel nach KHG zu Sonderposten oder Verbindlichkeiten	Gesamtsumme für die Kontengruppe
76	Abschreibungen	Gesamtsumme für die Kontengruppe
77	Aufwendungen für die Nutzung von Anlagegütern nach § 9 Abs. 2 Nr. 1 KHG	Gesamtsumme für die Kontengruppe
78	Sonstige ordentliche Aufwendungen	Gesamtsumme für die Kontengruppe
79	Übrige Aufwendungen	Gesamtsumme für die Kontengruppe

Für die Personalkosten (Gruppen 60-64):

.03	Funktionsdienst	Krankentransportdienst und Zentralsterilisation
.04	Klinisches Hauspersonal	Wenn möglich nach den Berufsgruppen aufgeteilt, die in Anlage 4 KHBV (Zuordnungsvorschriften) aufgeführt sind. Sonst Gesamtsumme für die Kontengruppe
.05	Wirtschafts- und Versorgungsdienst	Wenn möglich nach den Berufsgruppen aufgeteilt, die in Anlage 4 KHBV (Zuordnungsvorschriften) aufgeführt sind. Sonst Gesamtsumme für die Kontengruppe
.06	Technischer Dienst	Wenn möglich nach den Berufsgruppen aufgeteilt, die in Anlage 4 KHBV (Zuordnungsvorschriften) aufgeführt sind. Sonst Gesamtsumme für die Kontengruppe
.07	Verwaltungsdienst	Wenn möglich nach den Berufsgruppen aufgeteilt, die in Anlage 4 KHBV (Zuordnungsvorschriften) aufgeführt sind. Sonst Gesamtsumme für die Kontengruppe

Die Personalkosten werden auf die Produkte mittels der Exceldatei Personalkosten.xls prozentual aufgeteilt. Innerhalb dieser Datei existiert für jede Personalgruppe (Funktionsdienste, Klinisches Hauspersonal, etc.) ein Blatt, auf dem die Prozentwerte eingegeben werden können.

10 Anlage 2: Liste von Standardaufträgen

Montage	Bilder Gardinen Halterungen Möbel Pinnwand/Magnettafel Spender Handtuch/Seife	
Reparatur	Bau/Raum	Bodenbelag Fenster Rammschutz Tür Wand
	Elektro	Sicherung/FI Leuchtmittel Lichtrufanlage/Schwesternruf Steckdose TV/Fernseher
	Möbel	Jalousie/Gardine Bett Nachttisch Stuhl Schrank
	Sanitär	Armatur Abfluss WC
	Heizung/Lüftung	
	Telefon	
	Transportwagen	

11 Anlage 3: Struktur der Konten

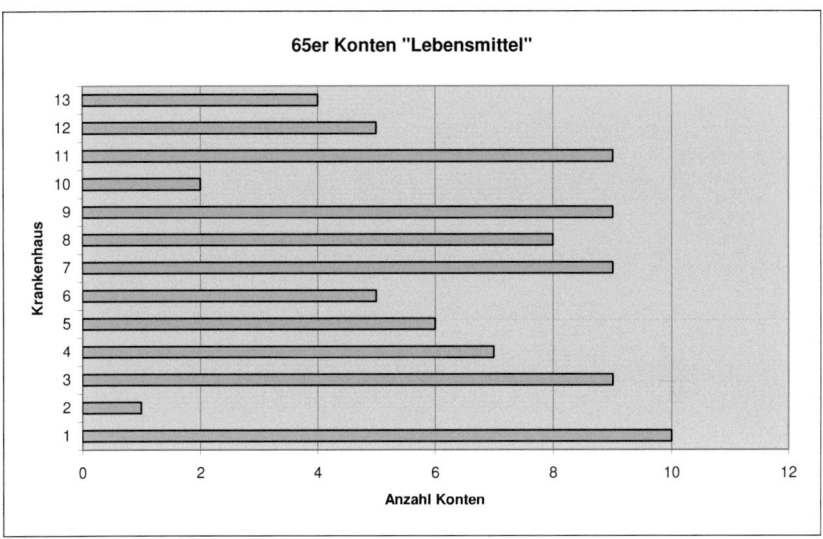

Abbildung 34: Anzahl der Konten für Lebensmittel

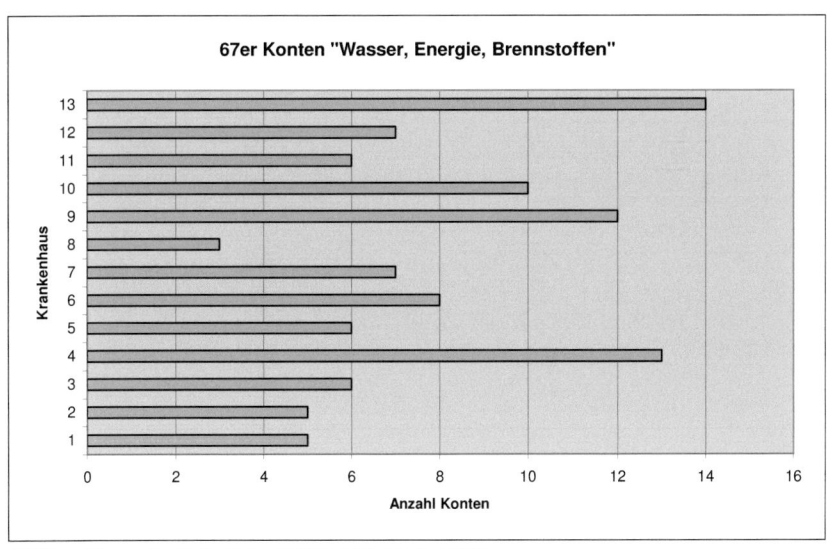

Abbildung 35:   Anzahl der Konten für Wasser, Energie, Brennstoffe

Anlage 3: Struktur der Konten

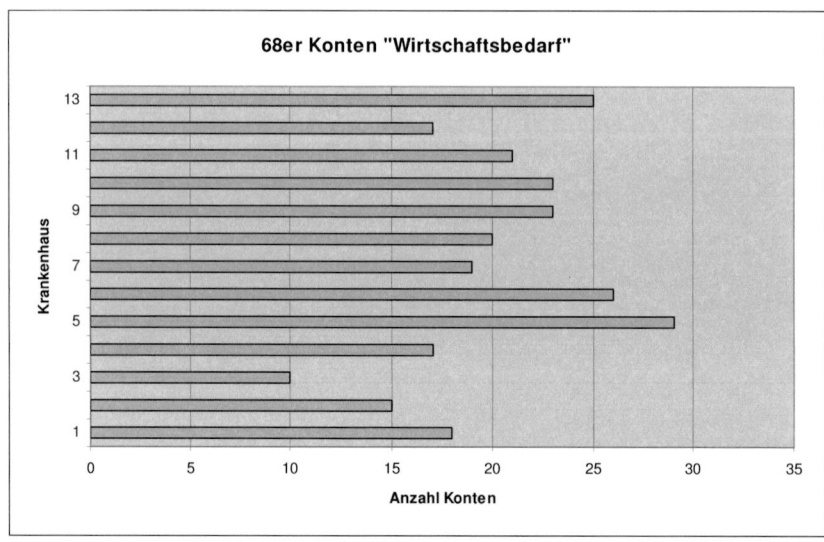

Abbildung 36: Anzahl der Konten für Wirtschaftsbedarf

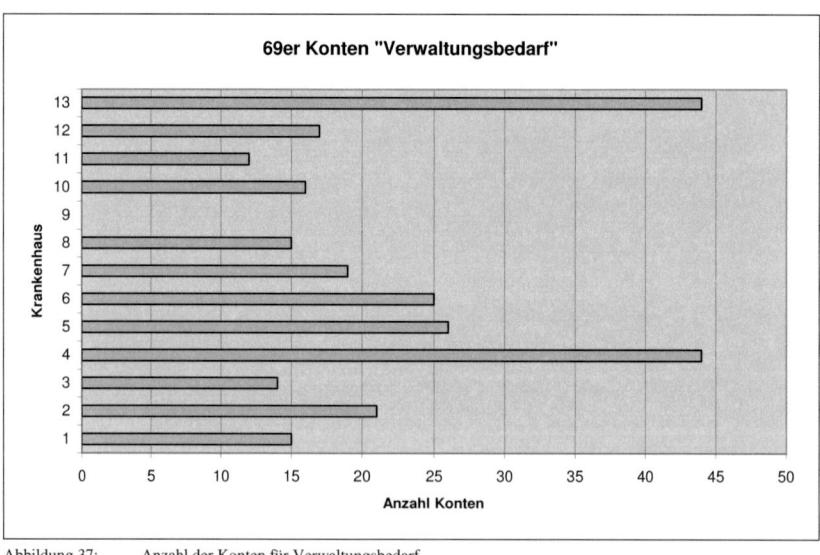

Abbildung 37: Anzahl der Konten für Verwaltungsbedarf

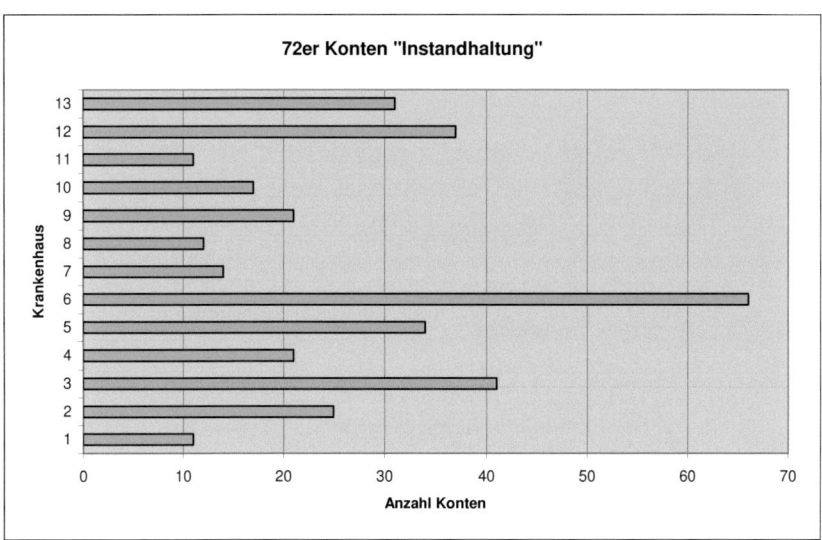

Abbildung 38: Anzahl der Konten für Instandhaltung

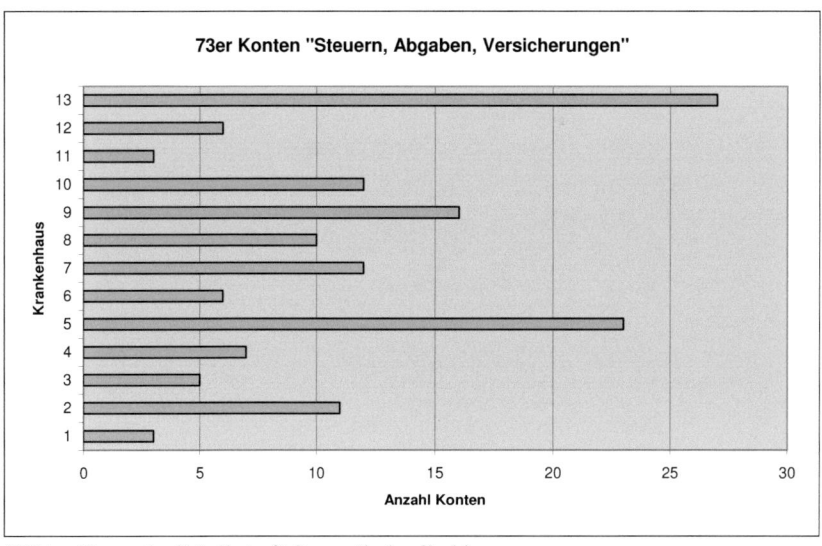

Abbildung 39: Anzahl der Konten für Steuern, Abgaben, Versicherungen

12 Anlage 4: Standard Kontenkatalog

 Optimierung und Analyse
von Prozessen in Krankenhäusern

Muster Kontenplan

Konto/
Kt.gruppe Bezeichnung

65   **Lebensmittel**

650211   Lebensmittel
651212   Speisenversorgung - Dienstleister
650213   Getränke
651214   Getränkeversorgung - Dienstleister
650215   Kindernährmittel
651216   Kindernährmittel - Dienstleister

67   **Wasser, Energie, Brennstoffe**

670291   Wasserversorgung
670292   Entwässerung
670271   Brennstoffe - Öl
670272   Brennstoffe - Kohle
670273   Brennstoffe - Gas
670274   Energie - Fernwärme
670131   Energie - Kälte
670231   Energie - Strom
670232   Energie - Strom - Brennstoffe

68   **Wirtschaftsbedarf**

680171   Gebäudereinigung - Reinigungsmittel
681172   Gebäudereinigung - Dienstleister
680281   Wäscheversorgung - Material
681282   Wäscheversorgung - Dienstleister
680041   Bettenaufbereitung - Material
681042   Bettenaufbereitung - Dienstleister
680021   Gartenpflege - Material
681022   Gartenpflege - Dienstleister
680191   Schädlingsbekämpfung - Material
681192   Schädlingsbekämpfung - Dienstleister
680251   Transportdienste - Material
681252   Transportdienste - Dienstleister
680071   Fuhrpark - Material
681072   Fuhrpark - Dienstleister
680201   Sicherheit - Material
681202   Sicherheit - Dienstleister
680221   Sterilisation - Material
681222   Sterilisation - Dienstleister
680010   Wirtschaftsbedarf

©Universität Karlsruhe (TH)   Index E   Abgleich Musterkontenplan
Facility Management   08.12.2003   Seite 1 von 2

134

 Optimierung und Analyse
von Prozessen in Krankenhäusern

Konto/ Kt.gruppe	Bezeichnung
69	**Verwaltungsbedarf**
690051	Büromaterial
690161	Porto
690241	Telefon
690061	EDV
690181	Rundfunk Fernsehen
690001	Literatur
690002	Reisekosten
690003	Personalbeschaffung
690004	Rechtsbeistand
690005	Außendarstellung
690006	Fortbildungen
690007	Beiträge an Organisationen
690008	Bankgebühren
690009	Beratungskosten
72	**Instandhaltungen ohne Rückstellungen**
720111	IH Medizintechnik Wartung und Inspektion
720112	IH Medizintechnik Instandsetzung
720101	IH Gebäude Wartung und Inspektion
720102	IH Gebäude Instandsetzung
720021	IH Außenanlagen Wartung und Inspektion
720022	IH Außenanlagen Instandsetzung
720121	IH Technische Anlagen Wartung und Inspektion
720122	IH Technische Anlagen Instandsetzung
720061	IH EDV Anlagen
720081	IH Einrichtung Wartung und Inspektion
720082	IH Einrichtung Instandsetzung
721001	IH nach KHG gefördert
73	**Steuern, Abgaben, Versicherungen**
730071	KFZ Steuer
730141	Grundsteuer
731011	Entsorgungsgebühren
731021	Straßenreinigung
731291	Abwassergebühren
732142	Haftpflichtversicherung
732143	Eigenschadenversicherung
732144	Gebäudeversicherung
732145	Unfallversicherung
732072	KfZ-Versicherung
732146	Elektronik- Schwachstromversicherung

13 Anlage 5: Korrelationsdiagramme

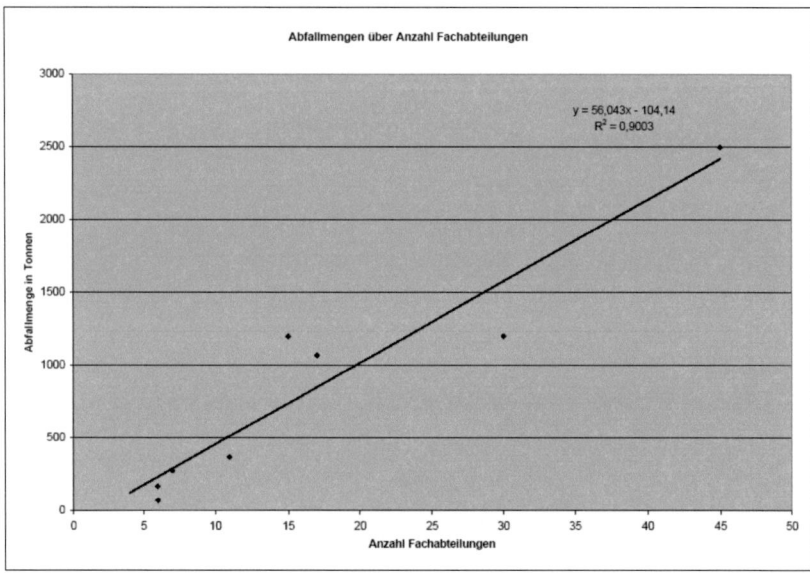

Abbildung 40:   Korrelationsdiagramm Abfallentsorgung

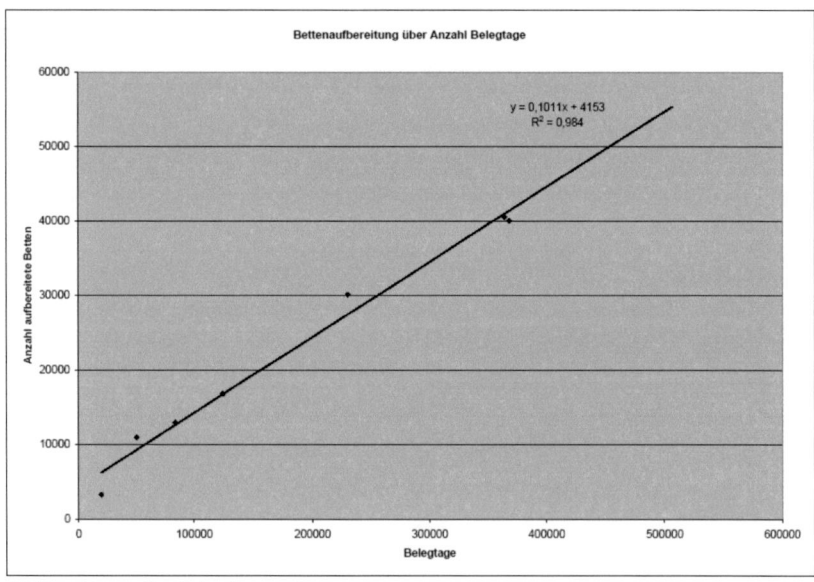

Abbildung 41:   Korrelationsdiagramm Bettenversorgung

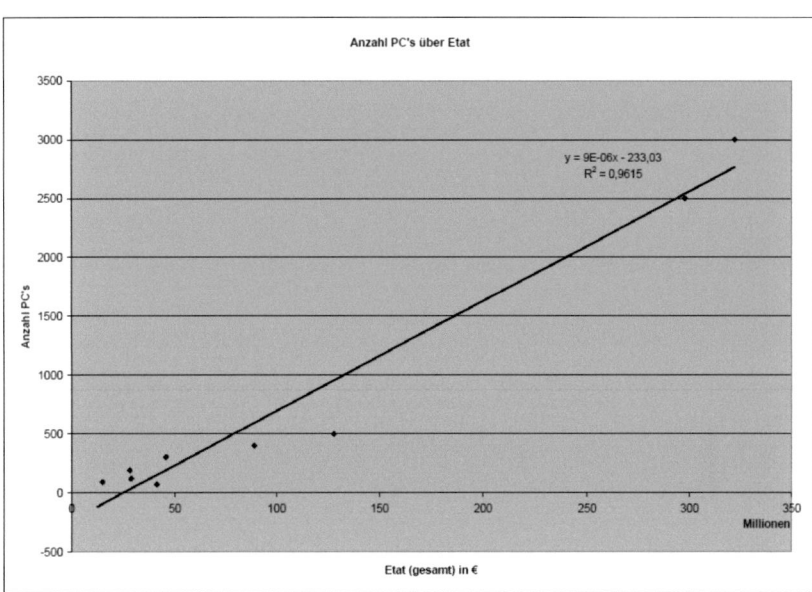

Abbildung 42:   Korrelationsdiagramm DV-Dienste

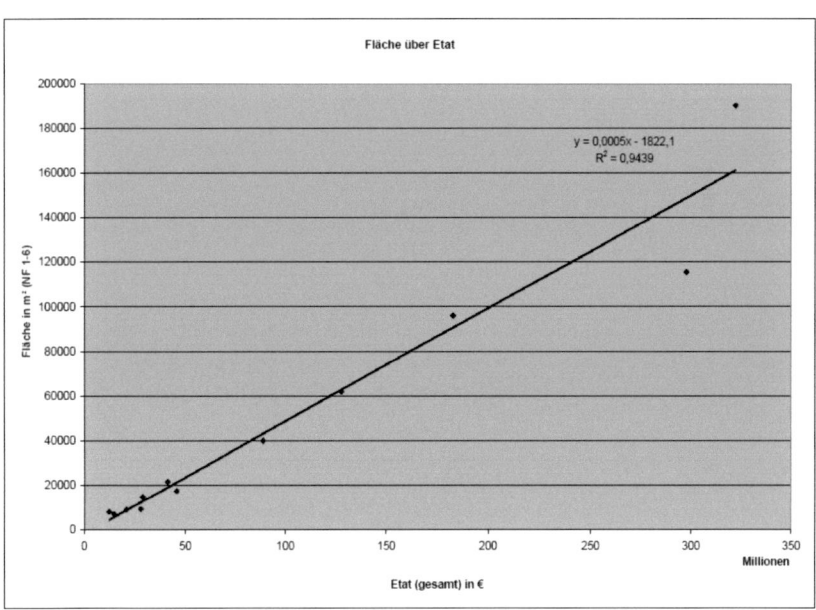

Abbildung 43:   Korrelationsdiagramm Fläche

137

Anlage 5: Korrelationsdiagramme

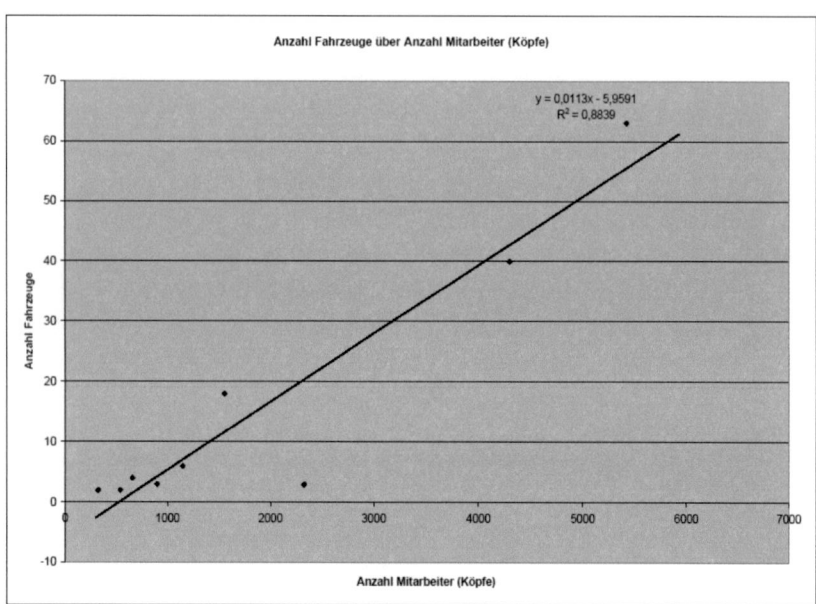

Abbildung 44:   Korrelationsdiagramm Fuhrpark

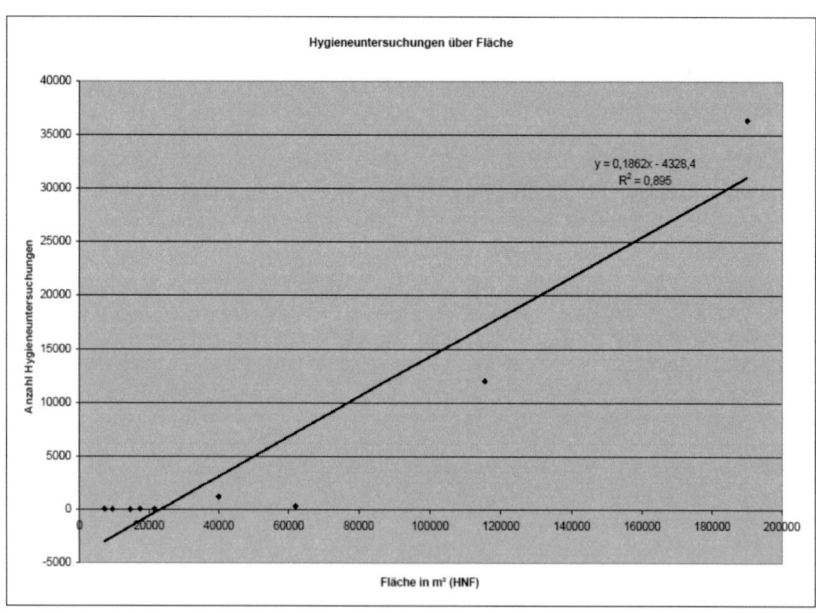

Abbildung 45:   Korrelationsdiagramm Hygieneberatung

138

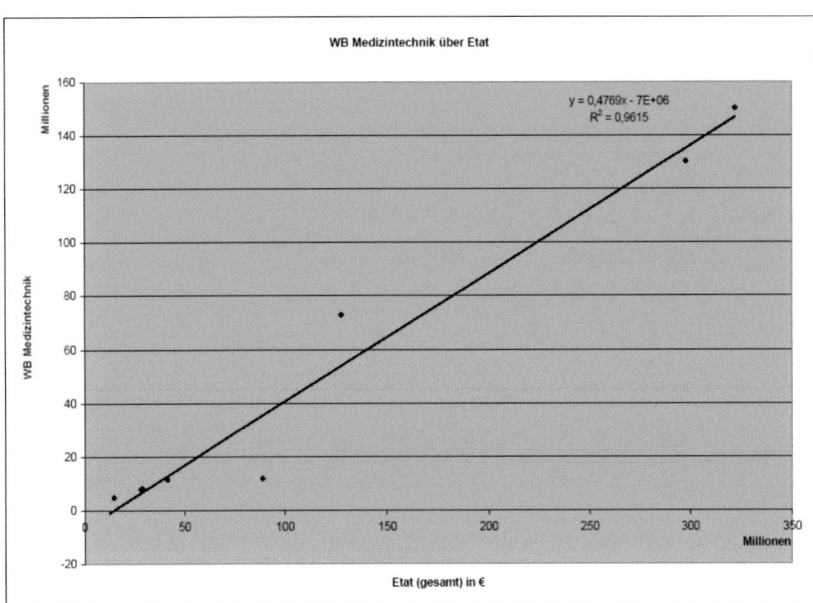

Abbildung 46:   Korrelationsdiagramm IH Medizintechnik

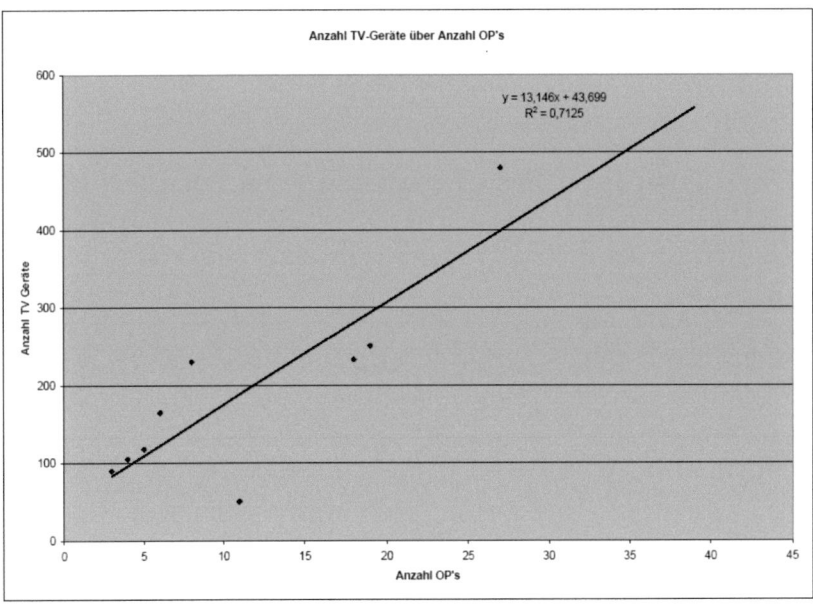

Abbildung 47:   Korrelationsdiagramm Rundfunk und Fernsehen

Anlage 5: Korrelationsdiagramme

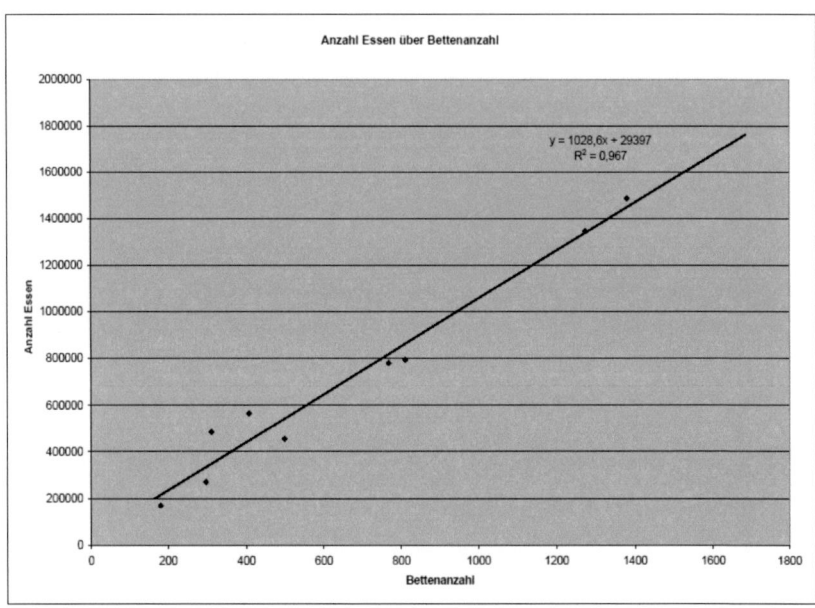

Abbildung 48:   Korrelationsdiagramm Speisenversorgung

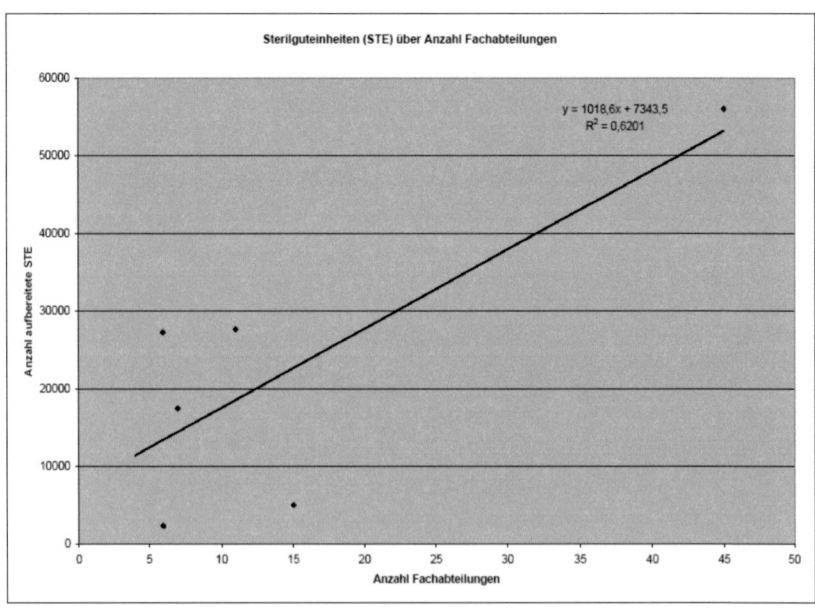

Abbildung 49:   Korrelationsdiagramm Sterilgutversorgung

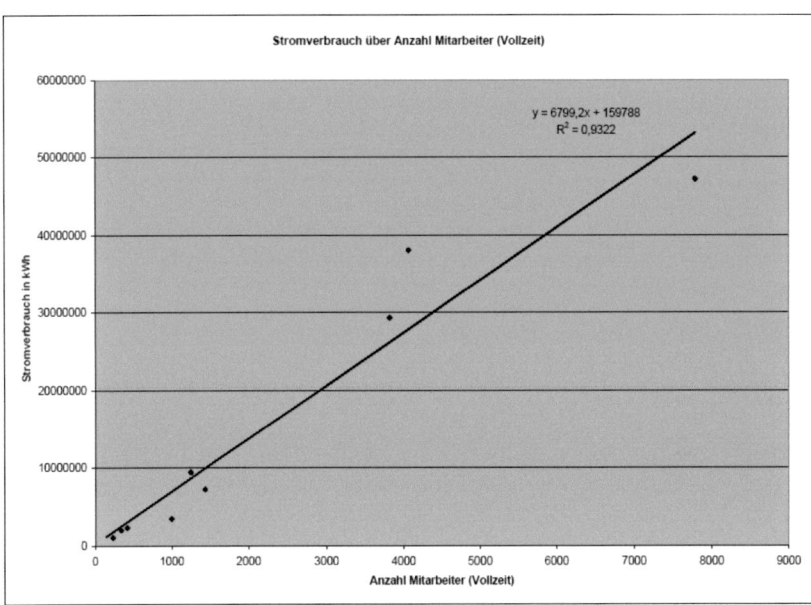

Abbildung 50:   Korrelationsdiagramm Stromversorgung

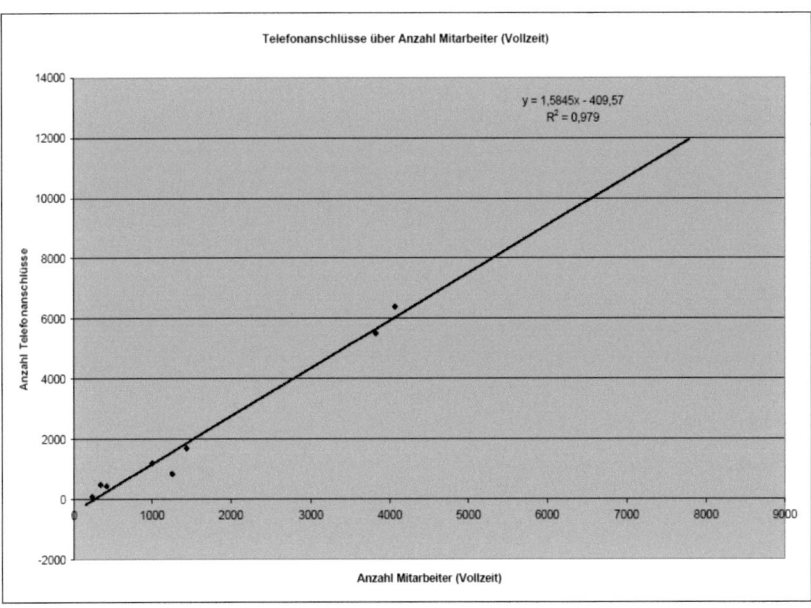

Abbildung 51:   Korrelationsdiagramm Telefondienste

Anlage 5: Korrelationsdiagramme

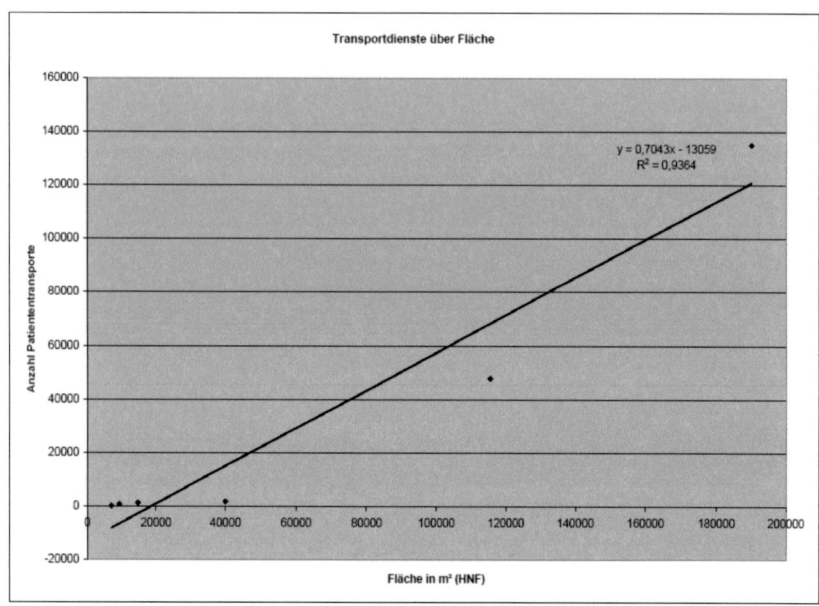

Abbildung 52:   Korrelationsdiagramm Transportdienste

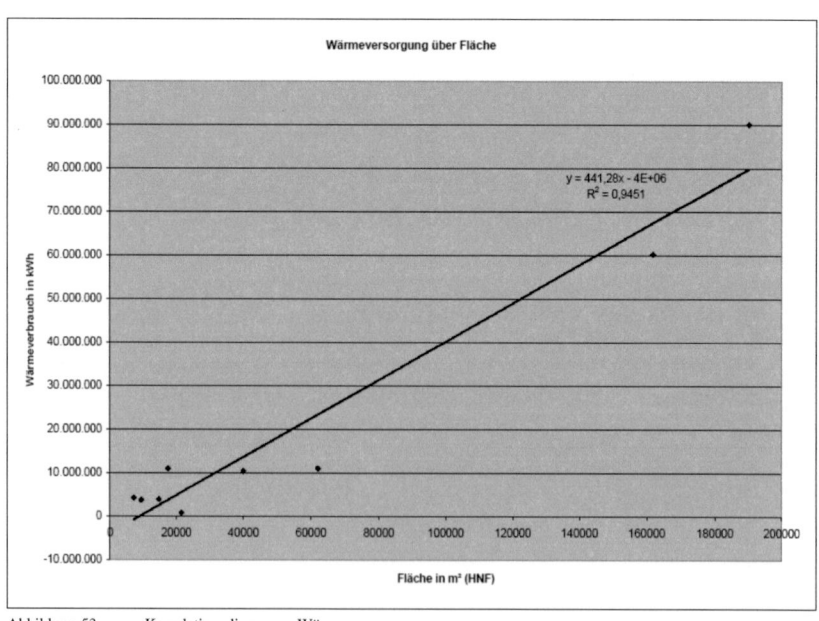

Abbildung 53:   Korrelationsdiagramm Wärmeversorgung

142

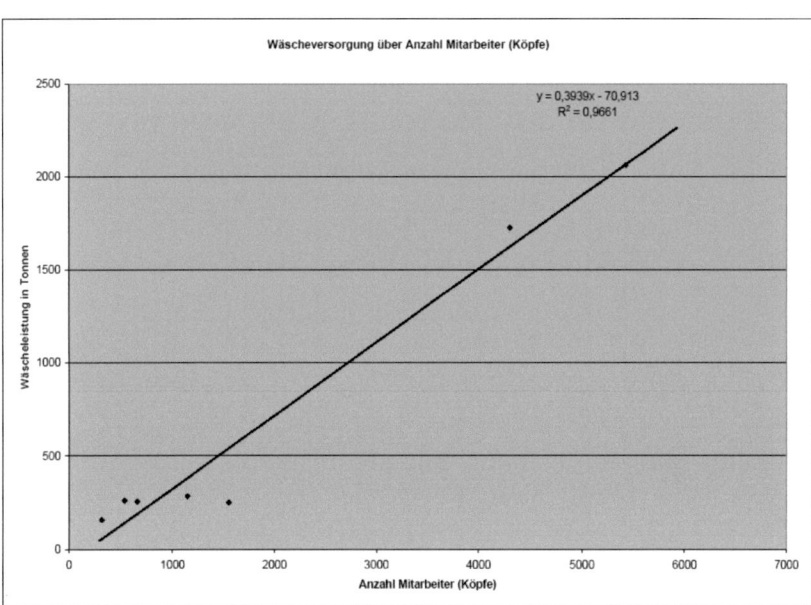

Abbildung 54:   Korrelationsdiagramm Wäscheversorgung

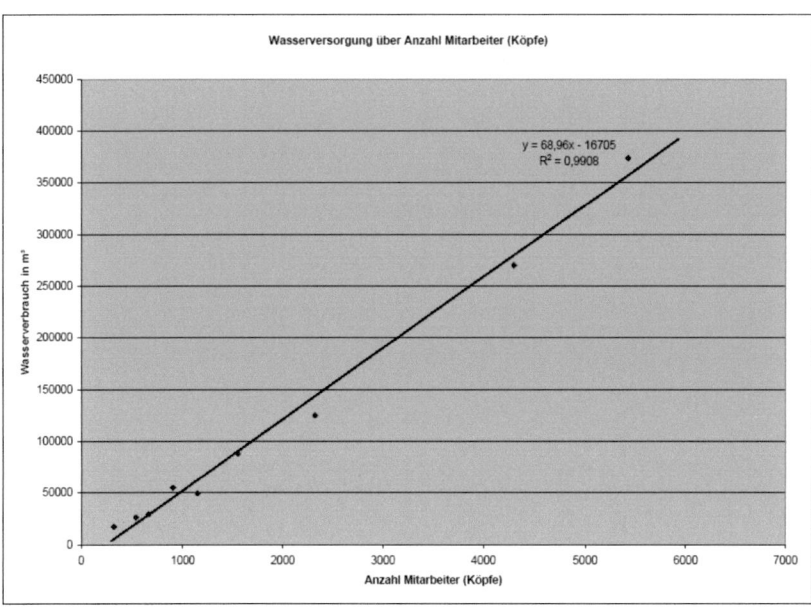

Abbildung 55:   Korrelationsdiagramm Wasserversorgung

14 Anlage 6 Übersicht der Bestimmtheitsmaße zur Regression der Produktkosten

Produkt	Produktmenge	Regression auf Produktmenge	Regression auf Betten	Regression auf Patienten	Regression auf Belegtage	Regression auf Mitarbeiter (Köpfe)	Regression auf Mitarbeiter (Vollzeit)	Regression auf Fläche
Abfallkosten	Entsorgte Tonne Abfall	0,90	0,80	0,73	0,75	0,71	0,91	0,91
Außenanlagen	Genutzte Fläche nach Nutzungsart	0,83	0,62	0,52	0,57	0,52	0,81	0,83
Betreiben	Genutzte Fläche nach Nutzungsart	0,36	0,66	0,82	0,91	0,54	0,56	0,36
Bettenaufbereitung	Aufbereitetes Bett	0,67	0,76	0,64	0,82	0,70	0,71	0,47
DV-Dienste	Betreuter PC	0,86	0,74	0,92	0,76	0,81	0,99	0,69
Flächenbereitstellung	Genutzte Fläche nach Nutzungsart	0,73	0,72	0,85	0,72	0,79	0,98	0,73
Fuhrpark	Genutztes Fahrzeug	0,20	0,63	0,75	0,64	0,56	0,83	0,55
Technische Serviceleistungen	Genutzte Fläche nach Nutzungsart	0,71	0,71	0,82	0,73	0,70	0,92	0,71
Hygieneberatung	Hygieneuntersuchung	0,54	0,84	0,96	0,85	0,88	0,97	0,67
IH Gebäude	Genutzte Fläche nach Nutzungsart	0,95	0,76	0,72	0,72	0,82	0,91	0,95
IH Medizintechnik	WB Medizintechnik	0,88	0,81	0,84	0,79	0,86	0,99	0,83
IH techn. Anlagen	Genutzte Fläche nach Nutzungsart	0,77	0,57	0,45	0,53	0,51	0,89	0,77
Kälteversorgung	Verbrauchte kWh Kälte	0,54	0,76	0,74	0,80	0,77	0,82	0,54
Reinigung	Genutzte Fläche nach Nutzungsart	0,96	0,78	0,70	0,73	0,79	0,98	0,96
Rundfunk und Fernsehen	Aufgestelltes TV-Gerät	0,15	0,70	0,83	0,70	0,82	0,99	0,64
Schädlingsbekämpfung	Genutzte Fläche nach Nutzungsart	0,49	0,71	0,76	0,79	0,70	0,84	0,49
Schutz- & Sicherheitsdienste	Genutzte Fläche nach Nutzungsart	0,60	0,29	0,44	0,22	0,36	0,18	0,60
Speisenversorgung	Geliefertes Essen	0,98	0,87	0,94	0,88	0,79	0,91	0,71
Sterilgutversorgung	Gelieferte Sterilguteinheit	0,43	0,55	0,58	0,55	0,73	0,92	0,58
Stromversorgung	Verbrauchte kWh Strom	0,95	0,74	0,79	0,73	0,76	0,97	0,80
Telefondienste	Genutzter Telefonanschluß	0,61	0,78	0,76	0,79	0,65	0,79	0,74
Transportdienste	Durchgeführter Patiententransport	0,07	0,73	0,65	0,74	0,78	0,69	0,48
Wärmeversorgung	Verbrauchte kWh Wärme	0,91	0,53	0,52	0,52	0,74	0,44	0,51
Wäscheversorgung	Gelieferte Wäsche	0,00	0,46	0,44	0,49	0,40	0,72	0,34
Wasserversorgung	Verbrauchte m³	0,98	0,89	0,84	0,89	0,96	0,80	0,76

15 Anlage 7 Zuordnung der Kostenflächenart zur Nutzungsart (NF 1 bis NF 6)

Code	Nutzungsart	DIN 277	KFA
1	Wohnen und Aufenthalt	NF 1	KFA 3
11	Wohnraum	NF 1	KFA 3
111	Wohnraum in Mehrzimmerwohnung	NF 1	KFA 3
112	Wohnküche	NF 1	KFA 3
113	Wohndielen	NF 1	KFA 2
114	Wohnraum in Einzimmerwohnungen	NF 1	KFA 2
115	Einzelwohnraum	NF 1	KFA 3
116	Gruppenwohnräume	NF 1	KFA 2
12	Gemeinschaftsräume	NF 1	KFA 2
121	Aufenthaltsraum allgemein	NF 1	KFA 3
122	Bereitschaftsraum	NF 1	KFA 4
123	Kinderspielraum	NF 1	KFA 3
13	Pausenräume	NF 1	KFA 2
131	Pausenräume allgemein	NF 1	KFA 2
132	Personalaufenthaltsraum	NF 1	KFA 2
133	Pausenfläche	NF 1	KFA 2
134	Wandelhallen	NF 1	KFA 3
135	Ruheraum allgemein	NF 1	KFA 4
136	Patientenruheraum	NF 1	KFA 5
14	Warteräume	NF 1	KFA 3
141	Warteräume allgemein	NF 1	KFA 3
142	Wartehalle	NF 1	KFA 3
143	Wartefläche	NF 1	KFA 3
15	Speiseräume	NF 1	KFA 3
151	Speiseräume allgemein	NF 1	KFA 3
152	Speisesaal	NF 1	KFA 5
153	Cafeteria	NF 1	KFA 5
2	Büroarbeit	NF 2	KFA 4
21	Büroraum	NF 2	KFA 4
211	Büroraum allgemein	NF 2	KFA 4
212	Schreibräume	NF 2	KFA 4
213	Büroräume mit manuellem/ experimentellem Arbeitsplatz	NF 2	KFA 5
214	Büroräume mit Archivfunktion	NF 2	KFA 4
215	Büroräume mit Materialausgabe	NF 2	KFA 4
216	Einzelarbeitsplatz (... kabine)	NF 2	KFA 4
22	Großraumbüros	NF 2	KFA 4
221	Großraumbüro allgemein	NF 2	KFA 4
222	Großraumbüro mit Schalter	NF 2	KFA 5
23	Besprechungsraum	NF 2	KFA 4
231	Besprechungsraum allgemein	NF 2	KFA 4
232	Sprechzimmer	NF 2	KFA 4
233	Sitzungssaal	NF 2	KFA 4
234	Gerichtssaal	NF 2	KFA 6
235	Parlamentssaal	NF 2	KFA 7
24	Konstruktionsraum	NF 2	KFA 4
241	Konstruktionsbüro	NF 2	KFA 4
25	Schalterraum	NF 2	KFA 5
251	Schalterraum allgemein	NF 2	KFA 5
252	Kassenraum	NF 2	KFA 5
253	Kartenschalter (in Mensen)	NF 2	KFA 5
26	Bedienungsraum	NF 2	KFA 5
261	Fernsprechraum/-kabine	NF 2	KFA 5

Anlage 7 Zuordnung der Kostenflächenart zur Nutzungsart (NF 1 bis NF 6)

Code	Nutzungsart	DIN 277	KFA
262	Fernsprechvermittlungsraum	NF 2	KFA 5
263	Fernschreibraum	NF 2	KFA 4
264	Funkzentrale	NF 2	KFA 6
265	Bedienungsraum für Förderanlagen	NF 2	KFA 5
266	Regieraum	NF 2	KFA 6
267	Projektionsraum	NF 2	KFA 6
268	Schaltraum für betriebstechnische Anlagen	NF 2	KFA 7
269	Schaltraum für betriebliche Einbauten	NF 2	KFA 6
27	Aufsichtsraum	NF 2	KFA 3
271	Aufsichtsraum allgemein	NF 2	KFA 3
272	Pförtnerraum	NF 2	KFA 5
273	Wachraum	NF 2	KFA 3
274	Patientenüberwachungsraum	NF 2	KFA 5
28	Bürotechnikraum	NF 2	KFA 5
281	Vervielfältigungsraum	NF 2	KFA 5
282	Filmbearbeitungsraum	NF 2	KFA 5
283	ADV-Großrechenanlagenraum	NF 2	KFA 7
284	ADV-Kleinrechenanlagenraum	NF 2	KFA 6
285	ADV-Periphergeräteraum	NF 2	KFA 6
286	Schreibautomatenraum	NF 2	KFA 5
3	Produktion, Hand- und Maschinenarbeit, Experimente	NF 3	KFA 5
31	Werkhalle	NF 3	KFA 5
311	Produktionshalle für Grundstoffe	NF 3	KFA 2
312	Produktionshalle für Investitions- und Versorgungsgüter	NF 3	KFA 2
313	Produktionshalle für Nahrungs- und Genussmittel	NF 3	KFA 3
314	Instandsetzungs-/ Wartungshalle	NF 3	KFA 3
315	Technologische Versuchshalle	NF 3	KFA 3
316	Physikalische Versuchshalle	NF 3	KFA 5
317	Chemie-Versuchshalle	NF 3	KFA 5
32	Werkstatt	NF 3	KFA 5
321	Metallwerkstatt (grob)	NF 3	KFA 5
322	Metallwerkstatt (fein)	NF 3	KFA 4
323	Elektrotechnikwerkstatt	NF 3	KFA 5
324	Oberflächenbehandlungswerkstatt	NF 3	KFA 5
325	Holz-/Kunststoffwerkstatt	NF 3	KFA 5
326	Bau-/Stein-/Erd-Werkstatt	NF 3	KFA 5
327	Drucktechnikwerkstatt	NF 3	KFA 3
328	Textil-/Lederwerkstatt	NF 3	KFA 3
329	Werkstatt für Gesundheit und Körperpflege	NF 3	KFA 5
33	Technologisches Labor	NF 3	KFA 5
331	Technologisches Labor einfach (ohne Absaugung)	NF 3	KFA 5
332	Technologisches Labor (mit Absaugung und/oder Explosionsschutz)	NF 3	KFA 7
333	Labor für stationäre Maschinen	NF 3	KFA 6
334	Lichttechnisches Labor	NF 3	KFA 5
335	Schalltechnisches Labor	NF 3	KFA 5
336	Technologisches Labor mit erhöhter Deckentragfähigkeit	NF 3	KFA 6
337	Technologisches Labor mit Erschütterungsschutz	NF 3	KFA 7
338	Technologisches Labor mit Berstwänden	NF 3	KFA 7
34	Physikalisches, physikalisch-technisches, elektrotechnische Labors	NF 3	KFA 6
341	Elektroniklabor (Verwendung elektronischer Bauelemente)	NF 3	KFA 6
342	Physiklabor einfach	NF 3	KFA 6
343	Physiklabor mit besonderen lufttechnischen Anforderungen	NF 3	KFA 7
344	Physikalischer Messraum und Raum für instrumentelle Analytik (nur Methodenanwendung)	NF 3	KFA 5
345	Physikalischer Messraum und Raum für instrumentelle Analytik (nur Methodenanwendung) mit besonderen lufttechnischen Anforderungen	NF 3	KFA 7
346	Kernphysiklabor mit Dekontamination von Abwasser und Abluft	NF 3	KFA 9

Anlage 7 Zuordnung der Kostenflächenart zur Nutzungsart (NF 1 bis NF 6)

Code	Nutzungsart	DIN 277	KFA
347	Physiklabor und Messraum mit Erschütterungsschutz	NF 3	KFA 7
348	Physiklabor und Messraum mit elektromagnetischer Abschirmung	NF 3	KFA 6
349	Messbunker mit Strahlenschutz	NF 3	KFA 7
35	Chemisches, bakteriologisches, morphologisches Labor	NF 3	KFA 6
351	Morphologisches Labor (ohne Hygieneanforderungen)	NF 3	KFA 5
352	Labor für analytisch- und präparativ-chemische Arbeitsweisen	NF 3	KFA 6
353	Chemisch-technisches Labor	NF 3	KFA 7
354	Labor mit zusätzlichen Hygieneanforderungen	NF 3	KFA 6
355	Labor mit zusätzlichen hygienischen und besonderen lufttechnischen Anforderungen	NF 3	KFA 7
356	Isotopenlabor mit Dekontamination von Abwasser und Abluft	NF 3	KFA 6
357	Isotopenlabor mit Dekontamination von Abwasser und Abluft, und besonderen lufttechnischen Anforderungen	NF 3	KFA 7
358	Isotopenlabor mit Dekontamination von Abwasser und Abluft, hygienischen und besonderen lufttechnischen Anforderungen	NF 3	KFA 9
359	Labor mit besonderen Hygieneanforderungen, Zugang über Schleuse und Zwangsdusche	NF 3	KFA 9
36	Raum für Tierhaltung	NF 3	KFA 9
361	Raum für Stallhaltung allgemein	NF 3	KFA 2
362	Raum für Käfighaltung allgemein	NF 3	KFA 2
363	Raum für Tierhaltung experimentell	NF 3	KFA 5
364	Raum für Käfighaltung experimentell	NF 3	KFA 7
365	Raum für Beckenhaltung	NF 3	KFA 6
366	Tierpflegeraum	NF 3	KFA 3
367	Futteraufbereitungsraum	NF 3	KFA 5
368	Milch-/Melkraum	NF 3	KFA 4
369	Kadaverraum	NF 3	KFA 5
37	Räume für Pflanzenzucht	NF 3	KFA 3
371	Gewächshaus allgemein	NF 3	KFA 2
372	Gewächshaus mit besonderen klimatischen Bedingungen	NF 3	KFA 3
373	Pflanzenzuchtraum experimentell	NF 3	KFA 3
374	Pilzzuchtraum	NF 3	KFA 3
375	Pflanzenzuchtvorbereitungsraum	NF 3	KFA 3
38	Küche	NF 3	KFA 4
381	Küche in Wohnung	NF 3	KFA 3
382	Teilküche	NF 3	KFA 4
383	Großküche	NF 3	KFA 6
384	Spezialküche	NF 3	KFA 6
385	Küchenvorbereitungsraum	NF 3	KFA 6
386	Backraum	NF 3	KFA 6
387	Speiseausgabe	NF 3	KFA 6
388	Spülküche	NF 3	KFA 6
39	Sonderarbeitsraum	NF 3	KFA 5
391	Hauswirtschaftsraum	NF 3	KFA 4
392	Wäschereiraum	NF 3	KFA 5
393	Wäschepflegeraum	NF 3	KFA 5
394	Spülraum	NF 3	KFA 7
395	Gerätereinigungsraum	NF 3	KFA 6
396	Desinfektionsraum	NF 3	KFA 6
397	Sterilisationsraum	NF 3	KFA 7
398	Pflegearbeitsraum	NF 3	KFA 6
399	Vorbereitungsraum	NF 3	KFA 6
4	Lagern, Verteilen, Verkaufen	NF 4	KFA 5
41	Lagerraum	NF 4	KFA 2
411	Lagerraum allgemein	NF 4	KFA 2
412	Lagerraum mit lufttechnischen Anforderungen	NF 4	KFA 5
413	Lagerraum mit hygienischen Anforderungen	NF 4	KFA 3

Anlage 7 Zuordnung der Kostenflächenart zur Nutzungsart (NF 1 bis NF 6)

Code	Nutzungsart	DIN 277	KFA
414	Lagerraum mit betriebsspezifischen Einbauten	NF 4	KFA 4
415	Lagerraum mit Explosions-/ Brandschutz	NF 4	KFA 5
416	Lagerraum mit Strahlenschutz	NF 4	KFA 7
417	Tresorraum	NF 4	KFA 5
418	Futtermittellager	NF 4	KFA 3
419	Leichenraum für Anatomie	NF 4	KFA 5
42	Archiv, Sammlungsraum	NF 4	KFA 3
421	Archiv	NF 4	KFA 3
422	Registratur	NF 4	KFA 2
423	Sammlungsraum	NF 4	KFA 3
424	Magazin	NF 4	KFA 2
425	Magazin mit Klimakonstanz	NF 4	KFA 6
43	Kühlraum	NF 4	KFA 6
431	Lebensmittelkühlraum	NF 4	KFA 6
432	Lebensmitteltiefkühlraum -18 C	NF 4	KFA 6
433	Kühlraum für medizinische Zwecke	NF 4	KFA 7
434	Kühlraum für wissenschaftl./technische Zweck	NF 4	KFA 7
435	Leichenkühlraum	NF 4	KFA 6
44	Annahme- und Ausgaberaum	NF 4	KFA 3
441	Annahme- und Ausgaberaum allgemein	NF 4	KFA 3
442	Sortierraum	NF 4	KFA 2
443	Packraum	NF 4	KFA 2
444	Versandraum	NF 4	KFA 2
445	Versorgungsstützpunkt	NF 4	KFA 5
446	Entsorgungsstützpunkt	NF 4	KFA 5
45	Verkaufsraum	NF 4	KFA 3
451	Verkaufsstand	NF 4	KFA 3
452	Ladenraum	NF 4	KFA 3
46	Ausstellungsraum	NF 4	KFA 3
5	Bildung, Unterricht und Kultur	NF 5	KFA 6
51	Unterrichtsraum mit festem Gestühl	NF 5	KFA 6
511	Hör-/Lehrsaal ansteigend mit Experimentierbühne	NF 5	KFA 6
512	Hör-/Lehrsaal eben mit Experimentierbühne	NF 5	KFA 6
513	Hör-/Lehrsaal ansteigend ohne Experimentierbühne	NF 5	KFA 6
514	Hör-/Lehrsaal eben ohne Experimentierbühne	NF 5	KFA 6
52	Allgemeiner Unterrichts- und Übungsraum ohne festes Gestühl	NF 5	KFA 3
521	Unterrichtsraum	NF 5	KFA 3
522	Unterrichtsgroßraum	NF 5	KFA 5
523	Übungsraum	NF 5	KFA 3
524	Mehrzweck(Unterrichts)-raum	NF 5	KFA 3
525	Zeichenübungsraum	NF 5	KFA 3
526	Verhaltensbeobachtungsraum	NF 5	KFA 3
527	Übungsraum für darstellende Kunst	NF 5	KFA 3
53	Besonderer Unterrichts- und Übungsraum ohne festes Gestühl	NF 5	KFA 4
531	Musisch-technischer Unterrichtsraum	NF 5	KFA 4
532	Hauswirtschaftlicher Unterrichtsraum	NF 5	KFA 6
533	Medienunterstützte Unterrichtsräume	NF 5	KFA 6
534	Musik-/Sprechunterrichtsraum	NF 5	KFA 6
535	Physikalisch/technischer Übungsraum	NF 5	KFA 7
536	Naßpräparativer Übungsraum	NF 5	KFA 7
537	Zahnmedizinische Übungsraum	NF 5	KFA 7
54	Bibliotheksraum	NF 5	KFA 5
541	Bibliotheksraum allgemein	NF 5	KFA 5
542	Leseraum	NF 5	KFA 5
543	Freihand(buch)stellfläche	NF 5	KFA 5
544	Katalograum/-fläche	NF 5	KFA 5
545	Mediathekraum	NF 5	KFA 6

Anlage 7 Zuordnung der Kostenflächenart zur Nutzungsart (NF 1 bis NF 6)

Code	Nutzungsart	DIN 277	KFA
55	Sportraum	NF 5	KFA 3
551	Halle für Turnen und Spiele	NF 5	KFA 3
552	Schwimmhalle	NF 5	KFA 6
553	Eissporthalle	NF 5	KFA 5
554	Radsporthalle	NF 5	KFA 5
555	Reitsporthalle	NF 5	KFA 2
556	Sportübungsraum	NF 5	KFA 3
557	Kegelbahn	NF 5	KFA 3
558	Schießsportraum	NF 5	KFA 5
559	Sondersporthalle	NF 5	KFA 3
56	Versammlungsraum	NF 5	KFA 5
561	Versammlungsraum allgemein	NF 5	KFA 4
562	Zuschauerraum	NF 5	KFA 6
563	Mehrzweckhalle	NF 5	KFA 5
57	Bühnen-, Studioraum	NF 5	KFA 5
571	Bühnenraum	NF 5	KFA 5
572	Probebühne	NF 5	KFA 3
573	Orchesterraum	NF 5	KFA 5
574	Orchesterprobenraum	NF 5	KFA 6
575	Tonstudioraum	NF 5	KFA 6
576	Bildstudioraum	NF 5	KFA 6
577	Künstleratelier	NF 5	KFA 5
58	Schauraum	NF 5	KFA 3
581	Schauraum allgemein	NF 5	KFA 3
582	Museumsraum	NF 5	KFA 5
583	Lehr- und Schausammlungsraum	NF 5	KFA 3
584	Besucherfläche	NF 5	KFA 3
59	Sakralraum	NF 5	KFA 3
591	Gottesdienstraum	NF 5	KFA 5
592	Andachtsraum	NF 5	KFA 5
593	Aussegnungsraum	NF 5	KFA 3
594	Aufbahrungsraum	NF 5	KFA 5
6	Heilen und Pflegen	NF 6	KFA 5
61	Raum mit allgemeiner medizinischer Ausstattung	NF 6	KFA 5
611	Untersuchungs- und Behandlungsraum mit einfacher med. Ausstattung (U + B-Raum)	NF 6	KFA 5
612	Erste-Hilfe-Raum	NF 6	KFA 5
613	Verstorbenenraum	NF 6	KFA 5
614	Tiermed. U + B-Raum mit einfacher med. Ausstattung	NF 6	KFA 6
615	Demonstrationsraum mit einfacher med. Ausstattung	NF 6	KFA 5
62	Raum mit besonderer medizinischer Ausstattung	NF 6	KFA 5
621	Atemphysiologischer Untersuchungsraum	NF 6	KFA 6
622	Herz- und Kreislaufdiagnostischer Untersuchungsraum	NF 6	KFA 6
623	Neurophysiologische U + B-Raum	NF 6	KFA 6
624	Sinnesphysiologischer U + B-Raum	NF 6	KFA 6
625	Augen- U + B-Raum	NF 6	KFA 6
626	Zahnmedizinische Untersuchungs- und Behandlungsplatz	NF 6	KFA 7
627	Tiermed. U + B-Raum mit besonderer med. Ausstattung	NF 6	KFA 7
628	Demonstrationsraum mit besonderer medizinischer Ausstattung	NF 6	KFA 5
63	Raum für operativen Eingriff, Endoskopie und Entbindung	NF 6	KFA 5
631	Operationsraum	NF 6	KFA 8
632	Operationsraum mit Sonderausstattung	NF 6	KFA 8
633	Reanimations-/Eingriffsraum	NF 6	KFA 7
634	Geburtshilferaum	NF 6	KFA 6
635	Endoskopieraum	NF 6	KFA 7
636	Operationsergänzungsraum	NF 6	KFA 9
637	Tiermedizinische Operationsraum	NF 6	KFA 7

Anlage 7 Zuordnung der Kostenflächenart zur Nutzungsart (NF 1 bis NF 6)

Code	Nutzungsart	DIN 277	KFA
64	Raum für Strahlendiagnostik	NF 6	KFA 7
641	Röntgenuntersuchungsraum allgemein	NF 6	KFA 7
642	Spezielle Röntgenuntersuchungsraum	NF 6	KFA 7
643	Tomographieraum	NF 6	KFA 7
644	Zahnmed. Röntgenuntersuchungsraum	NF 6	KFA 7
645	Raum für nuklearmed. Diagnostik	NF 6	KFA 8
646	Ergänzungsraum der nuklearmed. Diagnostik	NF 6	KFA 7
647	Ultraschalldiagnostikraum	NF 6	KFA 5
648	Tiermedizinischer Raum für die Strahlendiagnostik	NF 6	KFA 7
65	Raum für die Strahlentherapie	NF 6	KFA 8
651	Oberflächenbestrahlung	NF 6	KFA 8
652	Halbtiefen-/Tiefenbestrahlung	NF 6	KFA 8
653	Bestrahlungsplanung	NF 6	KFA 8
654	Bestrahlung mit offenen radioaktiven Stoffen	NF 6	KFA 8
655	Bestrahlung mit umschlossenen radioaktiven Stoffen	NF 6	KFA 8
656	Bestrahlung mit offenen Isotopen (Applikationsraum)	NF 6	KFA 8
657	Bestrahlung mit umschlossenen Isotopen (Applikationsraum)	NF 6	KFA 8
66	Raum für Physiotherapie und Rehabilitation	NF 6	KFA 6
661	Medizinisches Bad/ Dusche	NF 6	KFA 6
662	Bewegungsbad	NF 6	KFA 6
663	Schwitzbad/Packung	NF 6	KFA 6
664	Inhalationsraum	NF 6	KFA 6
665	Bewegungstherapieraum	NF 6	KFA 3
666	Massageraum	NF 6	KFA 5
667	Elektrotherapieraum	NF 6	KFA 5
668	Rehabilitationsraum allgemein	NF 6	KFA 3
67	Bettenraum mit allgemeiner Ausstattung in Krankenhäusern, Pflegeheimen, Heil- und Pflegeanstalten	NF 6	KFA 6
671	Normalpflegebettenraum	NF 6	KFA 6
672	Infektionspflegebettenraum	NF 6	KFA 6
673	Psychiatrische Pflegebettenraum	NF 6	KFA 5
674	Neugeborenenpflegebettenraum	NF 6	KFA 6
675	Säuglingspflegebettenraum	NF 6	KFA 6
676	Kinderpflegebettenraum	NF 6	KFA 6
677	Langzeitpflegebettenraum	NF 6	KFA 5
678	Leichtpflegebettenraum	NF 6	KFA 5
68	Bettenraum mit besonderer Ausstattung	NF 6	KFA 7
681	Intensivüberwachung / Bettenraum für ...	NF 6	KFA 7
682	Intensivbehandlung / Bettenraum für ...	NF 6	KFA 8
683	Behandlung Brandverletzter / Bettenraum für ...	NF 6	KFA 8
684	Dialyse /Bettenraum für ...	NF 6	KFA 7
685	Reverse Isolation / Bettenraum für ...	NF 6	KFA 7
686	Pflege Frühgeborener (Neonatale) / Bettenraum für ...	NF 6	KFA 7
687	Pflege strahlender Patienten / Bettenraum für ...	NF 6	KFA 7
688	Pflege Querschnittsgelähmter / Bettenraum für ...	NF 6	KFA 6
689	Aufwachraum (postoperativ)	NF 6	KFA 6

150

Literaturverzeichnis

1. Abel, Jochen und Lennerts, Kunibert (Universität Karlsruhe (TH)). Die Fläche als kostenproduzierende Einheit in Krankenhäusern in Hartung, Christoph. 1. Europäische Konferenz über Krankenhaustechnik; Baden-Baden. Baden-Baden: European Competence Center of Helthcare Engineering (ECCHE); 2003.

2. Abel, Jochen und Lennerts, Kunibert. Cost allocation for FM services in hospitals in Lennerts, Kunibert. Facility Management; Frankfurt, Germany. Berlin: VDE Verlag GmbH; April 2005: pp . 531-541. ISBN: 3-8007-2884-2.

3. Abel, Jochen und Lennerts, Kunibert (Universität Karlsruhe (TH)). Facility Management im Krankenhaus - vom Kostenfaktor zum Wettbewerbsvorteil. BuFaTa/TK 2006; Rastatt. Baden-Baden: Fachvereinigung Krankenhaustechnik (FKT); 2006a.

4. Abel, Jochen und Lennerts, Kunibert. A new method for the fast identification of savings potentials in FM in healthcare in Lennerts, Kunibert. Facility Management; Frankfurt, Germany. Berlin: VDE Verlag GmbH; 2006b ISBN: 3-8007-2938-5.

5. Abel, Jochen; Pfründer, Uwe, und Lennerts, Kunibert (Universität Karlsruhe (TH)). Benchmarking in 13 German hospitals Process-step based benchmarking vs. cost benchmarking - Results of the OPIK Research Project. 18th IFHE Congress 2004; Orlando: American Society for Healthcare Engineering (ASHE); 2004.

6. Accenture. Verwaltungsdienstleistungen im Krankenhaus [Internetseite]. 2004; Aufgerufen am 09.12.2006 verfügbar unter: www.accenture.com.

7. Alfen, Hans Wilhelm; Buscher, Frederik; Daube, Dirk, und Weidemann, André. Public Private Partnership im Krankenhausbereich. Das Krankenhaus. 2005; 97(12):1083-1088.

8. Andersen, Artuhr . Krankenhaus 2015 - Wege aus dem Paragraphendschungel. Arthur Andersen; 1999.

9. Becker, Wolfgang und Lutz, Stefan. Gabler Kompakt-Lexikon Modernes Rechnungswesen. 1. Auflage ed. Wiesbaden: Verlag Dr. Th. Gabler GmbH; 2002. ISBN: 3-409-19889-X.

10. BetrKV. Verordnung über die Aufstellung von Betriebskosten (Betriebskostenverordnung - BetrKV). BetrKV: 25.11.2003; BGBl. I S. 2346, 2347.

11. BGV A3. Berufsgenossenschaftliche Vorschrift für Sicherheit und Gesundheit bei der Arbeit - Unfallverhütungsvorschrift - Elektrische Anlagen und Betriebsmittel. BGFE - Berufsgenossenschaft der Feinmechanik und Elektrotechnik; 2005.

12. BKI Baukosteninformationszentrum. BKI Baukosten 2005 - Teil 1: Statistische Kostenkennwerte für Gebäude. Stuttgart: Baukosteninformationszentrum Deutscher Architektenkammern GmbH; 2005.

13. Braun, Stephan. Die Prozesskostenrechnung. 3., überarb. Aufl. ed. Berlin: Verlag Wissenschaft und Praxis; 1999. ISBN: 3-89673-052-5.

14. Brockhaus. Der Brockhaus : in einem Band. 12. aktualisierte Auflage ed. Leipzig; Mannheim: Brockhaus; 2006. ISBN: 3-7653-1682-1.

15. CEN. Norm DIN EN 15221-1:2006 Facility Management – Teil 1: Begriffe. Berlin: Beuth Verlag GmbH; 2006.

16. de Looper, Michael und Bhatia, Kuldeep. Australian health trends 2001 - AIHW Cat. No. PHE 24. Canberra: Australian Institute of Health and Welfare; 2001. ISBN: 1-74024-132-0.

17. DIN 18960. Norm DIN 18960, Nutzungskosten im Hochbau. Berlin: Beuth Verlag GmbH; 1999.

18. DIN 276. Norm DIN 276, Kosten im Hochbau. Berlin: Beuth Verlag GmbH; 1993.

19. DIN 277-2. Norm DIN 277-2, Grundflächen und Rauminhalte von Bauwerken im Hochbau. Berlin: Beuth Verlag GmbH; 2005.

20. DIN 31051. Norm DIN 31051, Grundlagen der Instandhaltung. Berlin: Beuth Verlag GmbH; 2003.

21. DIN 32736. Norm DIN 32736, Gebäudemanagement - Begriffe und Leistungen. Berlin: Beuth Verlag GmbH; 2000.

22. DIN 32736-1. Norm DIN 32736-1, Gebäudemanagement - Begriffe und Leistungen - Gegenüberstellung von Leistungen. Berlin: Beuth Verlag GmbH; 2000.

23. DIN 32835-1. Norm DIN 32835-1, Technische Produktdokumentation Dokumentation für das Facility Management. Berlin: Beuth Verlag GmbH; 2005.

24. DIN 58953. Norm DIN 58953, Sterilgutversorgung - Begriffe. Berlin: Beuth Verlag GmbH; 1987.

25. DIN 6779-12. Norm DIN 6779-12, Kennzeichnungssystematik für technische Produkte und technische Produktdokumentation - Teil 12: Bauwerke und technische Gebäudeausrüstung. Berlin: Beuth Verlag GmbH; 2003.

26. DIN EN 15221. Norm DIN EN 15221, Facility Management - Begriffe. Berlin: Beuth Verlag GmbH; 2005.

27. DIN EN 285. Norm DIN EN 285, Sterilisation - Dampf-Sterilisatoren - Groß-Sterilisatoren; Deutsche Fassung EN 285:2006. Berlin: Beuth Verlag GmbH; 2006.

Literaturverzeichnis

28. DKG. Forschungsprojekt des BMG zur Investitions- und Instandhaltungsfinanzierung [Internetseite]. 15.03.2000; aufgerufen am 17.09.2007 verfügbar unter: www.dkg.digramm.com/alte_seite/1_fin.htm.

29. DKG. Zahlen, Daten, Fakten 2006. Düsseldorf: Deutsche Krankenhaus Verlagsgesellschaft mbH; 2006. ISBN: 3-935762-78-X.

30. Eichhorn, Siegfried. Zukunft der Krankenhäuser in veränderten Strukturen - Gegenwärtige Situation, zukünftige Rahmenbedingungen und Entwicklungstendenzen des Krankenhausmanagements. Eichhorn, Siegfried und Schmidt-Rettig, Barbara. Krankenhausmanagement : Zukünftige Struktur und Organisation der Krankenhausleitung. Stuttgart: F.K. Schattauer Verlagsgesellschaft mbH; 2001; pp. 49-55.

31. Eichhorn, Siegfried und Schmidt-Rettig, Barbara, Hrsg. Krankenhausmanagement : Zukünftige Struktur und Organisation der Krankenhausleitung. Stuttgart: F.K. Schattauer Verlagsgesellschaft mbH; 2001. ISBN: 3-7945-2104-8.

32. Ferschl, Franz. Deskriptive Statistik. Würzburg - Wien: Physica-Verlag; 1978. ISBN: 3-7908-0189-5.

33. Flores, Benito E. und Whybark, D. Clay. Multiple Criteria ABC Analysis. International Journal of Operations & Production Management. 1985; 6(3):38-46.

34. FPG. Gesetz zur Einführung des diagnose-orientierten Fallpauschalensystems für Krankenhäuser (Fallpauschalengesetz - FPG). 2002 Apr 23; BGBl. I S. 1412.

35. Gabler. Wirtschaftslexikon. 15., vollständig überarbeitete Auflage ed. Wiesbaden: Verlag Dr. Th. Gabler GmbH; 2000. ISBN: 3-409-30388-X.

36. GEFMA 100-1. Facility Management - Grundlagen. Bonn: Deutscher Verband für Facility Management e.V.; 2004.

37. GEFMA 100-2. Facility Management - Begriffe. Bonn: Deutscher Verband für Facility Management e.V.; 2004.

38. Gerken, Horst; Lange, Ulrich; Thauer, Thomas, und Weidner-Russell, Brigitte. Hochschulplanung 123 Nutzungs- und Kostenflächenarten-Profile im Hochschulbereich. Hannover: Hochschul-Informations-System GmbH; 2000.

39. Hartung, Christoph. Running Hospitals in Germany - Status and Trends. London, UK: World Markets Research Centre; 2001.

40. Hartung, Joachim. Statistik - Lehr- und Handbuch der angewandten Statistik. 14. unwesentlich veränderte Auflage ed. München: R. Oldenbourg Verlag GmbH; 2005. ISBN: 3-486-20437-8.

41. Hartung, Joachim und Elpelt, Bärbel. Multivariate Statistik - Lehr- und Handbuch der angewandten Statistik. 6., unwesentlich veränderte Auflage ed. München: Oldenbourg Wissenschaftsverlag; 1999. ISBN: 3-486-25287-9.

42. Hentze, Joachim und Kehres, Erich. Kosten- und Leistungsrechnung in Krankenhäusern : systematische Einführung. 4., überarb. Aufl. ed. Stuttgart; Berlin; Köln: Kohlhammer; 1999. ISBN: 3-17-016091-5.

43. Hotelling, Harold. Relations between two sets of variates. Biometrika. 1936; 28(3-4):321-377.

44. II. BV. Verordnung über wohnungswirtschaftliche Berechnungen (Zweite Berechnungsverordnung - II. BV). II. BV: 1957 Oct 17; Neugefasst durch Bek. vom 12.10.1990, 2178; zuletzt geändert durch Art. 3 V v. 25.11.2003 I 2346 .

46. InEK. Kalkulation von Fallkosten : Handbuch zur Anwendung in Krankenhäusern. 2 ed. Siegburg: Institut für das Entgeltsystem im Krankenhaus; 2002 Jan 31.

47. InEK. Abschlussbericht zur Weiterentwicklung des G-DRG-Systems für das Jahr 2007 [Internetseite]. 15.12.2006; aufgerufen am 28.05.2007 verfügbar unter: www.g-drg.de.

48. ISO 9000. Norm DIN EN ISO 9000:2005-12, Qualitätsmanagement und Begriffe. Brüssel: Europäisches Komitee für Normung; 2005.

49. Kahlen, Hans. Facility Management. 1. Auflage ed. Berlin: Springer-Verlag; 2001. ISBN: 3-540-60250-X.

50. Kaplan, Robert S. und Cooper, Robin. Prozesskostenrechnung als Managementinstrument. Frankfurt/Main: Campus Verlag; 1999.

51. Keun, Friedrich . Einführung in die Krankenhaus-Kostenrechnung : Anpassung an neue Rahmenbedingungen. 3., überarbeitete Auflage ed. Wiesbaden: Gabler; 1999. ISBN: 3-409-32908-0.

52. KHBV. Verordnung über die Rechnungs- und Buchführungspflichten von Krankenhäusern (Krankenhaus-Buchführungsverordnung - KHBV). KHBV: 04.10.1978; Neugefasst durch Bek. v. 24. 3.1987 I 1046; zuletzt geändert durch Art. 27 G v. 14.8.2006 I 1869.

53. KHG. Gesetz zur wirtschaftlichen Sicherung der Krankenhäuser und zur Regelung der Krankenhauspflegesätze - Krankenhausfinanzierungsgesetz (KHG). KHG: 2003 Nov 25; Neugefasst durch Bek. v. 10.4.1991 I 885; zuletzt geändert durch Art. 38 V v. 25.11.2003 I 2304.

54. Klauber, Jürgen; Robra, Bernt-Peter, und Schellschmidt, Henner, (Hrsg.). Krankenhaus-Report 2003. 1. Auflage ed. Stuttgart: Schattauer GmbH; 2004. ISBN: 3-7945-2284-2.

55. Kockelkorn, Ulrich. Lineare statistische Methoden. Wien: Oldenbourg Wissenschaftsverlag GmbH; 2000. ISBN: 3-486-23208-8.

56. Koppelmann, Udo . Produkte. Wittmann, Waldemar, Hrsg. Handwörterbuch der Betriebswirtschaft. 5., völlig neu gestaltete Auflage ed. Stuttgart: Schäfer-Poeschel; 1993.

57. KPFV. Verordnung zum Fallpauschalensystem für Krankenhäuser für das Jahr 2004 (Fallpauschalenverordnung 2004 - KFPV 2004). KPFV: 2002; BGBl. I S. 1995.

58. Lennerts, Kunibert und Abel, Jochen. Das Forschungsprojekt OPIK Facility Management im Krankenhaus - Prozesse - Produkte - Preise -. 24. FKT Bundesfachtagung; Trier. Baden-Baden: Fachvereinigung Krankenhaustechnik (FKT); 2004.

59. Lennerts, Kunibert; Abel, Jochen, und Pfründer, Uwe (Universität Karlsruhe TH). Krankenhausübergreifende Prozessanalysen in Lennerts, Kunibert. 2. Internationales Facility Management Symposium Karlsruhe; Karlsruhe. Karlsruhe: Universität Karlsruhe (TH), Facility Management (TMB); 2004a.

60. Lennerts, Kunibert; Abel, Jochen, und Pfründer, Uwe, (Universität Karlsruhe (TH)). Space as a cost producing unit in hospitals in Bröchner, Jan und Haugen, Tore I. Proceedings of the third European Research Symposium in Facilities Management; Copenhagen. Trondheim: NTNU, Faculty of Architecture and fine Art; 2004b: pp . 89-96. ISBN: 82-7551-028-7.

61. Lennerts, Kunibert; Abel, Jochen; Pfründer, Uwe, und Sharma, Vishal. Reducing health care costs through optimised facility-related processes. Journal of Facilities Management. 2003; 2(2):192-206.

62. Marbé, Werner; Mutschler, Wolfgang, und Lohfert, Christoph. Finanzierung der Investitionen und der Instandhaltung von Krankenhäusern durch Nutzungsentgelte. Hamburg: IFH; 2000.

63. Mues, Ludger und Krämer, Markus. Life Sience - Gesunde Erträge. Köln: Oppenheim Research GmbH; 2001.

64. Müller, Heinrich. Prozesskonforme Grenzplankostenrechnung. 2., überarbeitete und erweiterte Auflage ed. Wiesbaden: Gabler; 1996. ISBN: 3-409-22135-2.

65. Müller, Joachim, Hrsg. Abfallentsorgung in Hochschulen. Hannover: Hochschul-Informations-System GmbH; 2002.

66. NMV. Verordnung über die Ermittlung der zulässigen Miete für preisgebundene Wohnungen (Neubaumietenverordnung 1970 - NMV 1970) . 14.12.1970; Neugefasst durch Bek. v. 12.10.1990 I 2204; zuletzt geändert durch Art. 4 V v. 25.11.2003 I 2346.

67. Pschyrembel, Willibald, Begr. Pschyrembel Klinisches Wörterbuch. 260. Auflage ed. Berlin: de Gruyter; 2004.

68. Rau, Johannes, Bundespräsident. Rede des Bundespräsidenten Johannes Rau bei der Eröffnungsveranstaltung des 107. Deutschen Ärztetages [Internetseite]. 18.05.2004; Aufgerufen am 19.09.2004 verfügbar unter: www.bundespraesident.de.

69. Revenstorf, Dirk. Lehrbuch der Faktorenanalyse. 1. Auflage ed. Stuttgart, Berlin, Köln, Mainz: Verlag W. Kohlhamer; 1976. ISBN: 3-17-001359-9.

70. Robert Koch Institut. Richtlinie für Krankenhaushygiene und Infektionsprävention. Berlin: Robert Koch-Institut; 1993.

71. Rondeau, Edmond P.; Brown, Robert Kevin, und Lapides, Paul D. Facility management. New York: Wiley; 1995. ISBN: 0-471-03806-7.

72. Rupp, Ulrike. Kostendruck steigt weiter. Weinstadt: Berufsverband Hauswirtschaft e.V.; 2003(3): 3-9.

73. Shohet, Igal M. und Lavy, Sarel. Development of an integrated healthcare facilities management model. Facilities. 2004; 22(5/6):129-140.

74. Sibbel, Rainer. MBA (International Hospital Management Option). Module 9 Value Chain Management Vienna, Austria: 28.08.2006.

75. Simon, Michael. Das Krankenhaus im Umbruch - Neuere Entwicklungen in der stationären Krankenversorgung im Gefolge von sektoraler Budgetierung und neuem Entgeltsystem. Veröffentlichungsreihe Der Arbeitsgruppe Public Health, Wissenschaftszentrum Für Sozialforschung. 1997; P97(204).

76. Stapf-Finé, Heinz und Schölkopf, Martin. Die Krankenhausversorgung im internationalen Vergleich. Düsseldorf: Deutsche Krankenhaus Verlagsgesellschaft mbH; 2003. ISBN: 3-935762-16-x.

77. Statistisches Bundesamt. Gesundheitswesen - Grunddaten der Krankenhäuser - Fachserie 12 Reihe 6.1.1 [Internetseite]. 2005; aufgerufen am 19.03.2007 verfügbar unter: www.destatis.de.

78. Statistisches Bundesamt. Kostennachweis der Krankenhäuser - Fachserie 12 Reihe 6.3 [Internetseite]. 2006; Aufgerufen am 19.03.2007 verfügbar unter: www.destatis.de.

79. VDEW. Stromverbrauch der Haushalte wächst gering [Internetseite]. 18.09.2006; Aufgerufen am 29.04.2007 verfügbar unter: www.vdew.de.

80. Vogler, Karl und Lasch, Erhard. Haustechnik - Grundlagen, Planung, Ausführung. 10., neubearb. Aufl. ed. Stuttgart: B.G. Teubner; 1999. ISBN: 3-519-15265-7.

81. Wandschneider, Ulrich; Rösener, Carin, und Schröder, Jörg-Peter. Diagnosis Related Groups: Initialzünder zur Prozessorientierung im deutschen Gesundheitswesen? Wegscheid: Verlag WIKOM; 2000 (49).

83. WGKT, Hrsg. WGKT Empfehlung "Facility-Management für Krankenhäuser". Hannover: Wissenschaftliche Gesellschaft für Krankenhaustechnik e.V. (WGKT); 1999.

84. WHO. Preamble to the Constitution of the World Health Organization as adopted by the International Health Conference. New York: 19.-22.06.1946.

85. WHO. The World health report 2000: health systems : improving performance. Genf: World Health Organization; 2000. ISBN: 92 4 156198 X.

86. Wikipedia. Wikipedia - Die freie Enzyklopädie [Internetseite]. Aufgerufen am 09.11.2004 verfügbar unter: www.wikipedia.org.

87. Wöhe, Günter. Einführung in die Allgemeine Betriebswirtschaftslehre. 21., neubearb. Aufl. (2002) ed. München: Verlag Franz Vahlen GmbH; 2002. ISBN: 3-8006-2865-1.

88. Zwahr, Annette, [Red.]. Meyers Universallexikon. Mannheim: Meyers Lexikonverlag; 2007. ISBN: 3-411-07751-4.

Bisherige Veröffentlichungen des Instituts für Technologie und Management im Baubetrieb

Innerhalb der Karlsruher Reihe Bauwirtschaft, Immobilien und Facility Management, Universitätsverlag Karlsruhe, ISSN 1867-5867

Band 1	Jochen ABEL „Ein produktorientiertes Verrechnungssystem für Leistungen des Facility Management im Krankenhaus"	2009
Band 2	Carolin BAHR "Realdatenanalyse zum Instandhaltungsaufwand öffentlicher Hochbauten : Ein Beitrag zur Budgetierung"	2008

Die Bände sind unter www.uvka.de als PDF frei verfügbar oder als Druckausgabe bestellbar.

Innerhalb der REIHE F – FORSCHUNG, institutsintern verlegt

Sonderhefte, Reihe F – Forschung, institutsintern verlegt

Heft 1   Vorträge anläßlich der Tagung
          "Forschung für den Baubetrieb"
          am 15. und 16. Juni 1972   1972

Heft 2   Vorträge anläßlich der Tagung
          "Forschung für den Baubetrieb"
          am 11. und 12. Juni 1974   1974

Heft 3   Vorträge anläßlich der Tagung
          "Forschung für den Baubetrieb"
          am 12. und 13. Juni 1979   1979

Heft 4   Vorträge anläßlich der Tagung
          "Forschung für die Praxis"
          am 15. und 16. Juni 1983   1983

Heft 5   Vorträge anläßlich der Tagung
          "Baumaschinen für die Praxis"
          am 04. und 05. Juni 1987   1987

Heft 6   Vorträge anläßlich der Tagung
          "Forschung und Entwicklung für die maschinelle Bauausfüh-
          rung"
          am 26. Juni 1992   1992
          - vergriffen -

          Abschlusssymposium 2007
          Graduiertenkolleg „Naturkatastrophen"
          Verständnis, Vorsorge und Bewältigung von Naturkatastrophen
          Stefan Senitz   2007

REIHE G – GÄSTE, institutsintern verlegt

Wird künftig fortgesetzt in Reihe F.

REIHE L - LEHRE UND ALLGEMEINES, institutsintern verlegt

Heft 1   Günter KÜHN
"Baubetrieb in Karlsruhe"   1972
- vergriffen -

Heft 2   Dieter KARLE
"Afrika-Exkursion Gabun - Kamerun"   1971
- vergriffen -

Heft 3   Gabriele und Uwe GRIESBACH
"Studenten berichten:
52.00 km Afrika - Asien"   1975

Heft 4   Günter KÜHN
"Letzte Fragen und ihre Antworten - auch für das Leben auf der
Baustelle"   1976
- vergriffen -

Heft 5   Festschrift 1967 - 1977
zum 10jährigen Bestehen des Instituts für Maschinenwesen im
Baubetrieb   1977

Heft 6   Günter KÜHN
"Baumaschinenforschung in Karlsruhe - Rückblick auf eine
zehnjährige Institutstätigkeit"   1978

Heft 7   Günter KÜHN
"Baubetriebsausbildung in Karlsruhe"   1979

Heft 8   Bertold KETTERER/Hans-Josef KRÄMER
"Studenten-Exkursionen
Saudi-Arabien 1978/1979"   1980

Heft 9   Hans-Josef KRÄMER
"Baubetrieb - Studium und Berufserfahrung - Referate bei Semi-
naren für Bauingenieurstudenten"   1980

Heft 10   Christian BENOIT
"Studenten-Exkursion Brasilien 1980"   1980

Heft 11   Christian BENOIT
"Studenten-Exkursion Holland 1981"   1982

Heft 12   Günter KÜHN
"Bauen mit Maschinen"   1983

Heft 13   Günter KÜHN
"Aus dem Leben eines Bauleiters"   1984
- vergriffen -

Heft 14   Günter KÜHN
"Was ist die Systemtechnik, und was nutzt sie dem Bauingen-
ieur?"   1984

Heft 15   Günter KÜHN
"Baumaschinenforschung am IMB
1967 - 1987"   1987

Heft 16   Franz FURGER
"Ethik und Management"   1987

Wird künftig fortgesetzt in Reihe V.

REIHE U – UNTERSUCHUNGEN, institutsintern verlegt

Wird künftig fortgesetzt in Reihe F.

REIHE V - VORLESUNGEN UND MITTEILUNGEN, institutsintern verlegt

Heft 17	Fritz Gehbauer Baubetriebstechnik II Teil A: Erdbau Teil B: Tiefbau	1991
Heft 18	Die Studenten "Studenten-Exkursion 1991 Deutschland - Polen"	1991
Heft 19	Die Studenten "Studenten-Exkursion 1992 Südostasien - Bangkok - Hongkong - Taipeh"	1992
Heft 20	Alfred WELTE "Naßbaggertechnik - Ein Sondergebiet des Baubetriebes" Ausgewählte Kapitel - nur noch 1 Exemplar -	2001
Heft 21	Die Studenten "Studenten-Exkursion 1993 Großbritannien"	1993
Heft 22	Die Studenten "Studenten-Exkursion 1994 Österreich"	1994
Heft 23	Die Studenten "Studenten-Exkursion 1995 Deutschland" - vergriffen -	1995
Heft 24	Die Studenten "Studentenexkursion 1996 Neue Bundesländer"	1996
Heft 25	Herbert FEGER "Betonbereitung" Teil 1 der Vorlesung "Betonbereitung und -transport"	1997
Heft 26	Herbert FEGER "Betontransport" Teil 2 der Vorlesung "Betonbereitung und -transport"	1997
Heft 27	Die Studenten "Studenten-Exkursion 1997 Deutschland - Tschechien"	1997
Heft 27	Baubetriebsplanung und Grundlagen der Verfahrenstechnik im Hoch-, Tief- und Erdbau Band I Teil A: Baubetrieb Teil B: Hochbau Teil C: Schlüsselfertigbau	2004
Heft 28	Die Studenten "Studenten-Exkursion 1998 Deutschland"	1998
Heft 28	Baubetriebsplanung und Grundlagen der Verfahrenstechnik im Hoch-, Tief- und Erdbau Band II Teil A: Erbau Teil B: Tiefbau	2004